文化震撼之旅

中国香港

（美国）贝帝·魏 伊丽莎白·李 著
邱 岳 译

北京·旅游教育出版社

北京市版权局著作权合同登记章图字：01-2013-8163
策　　划：丁海秀　李荣强
责任编辑：李荣强
图片提供：微图网、中国图库、壹图网

图书在版编目（CIP）数据
中国香港 /（美）魏，（美）李著；邱岳译. -- 北京：旅游教育出版社，2015.1
（文化震撼之旅）
ISBN 978-7-5637-3104-6

Ⅰ.①中…　Ⅱ.①魏…②李…③邱…　Ⅲ.①香港—概况　Ⅳ.①K926.58

中国版本图书馆CIP数据核字（2015）第011408号

文化震撼之旅

中国香港

（美国）贝帝·魏　伊丽莎白·李　著
邱岳　译

出版单位：旅游教育出版社
地　　址：北京市朝阳区定福庄南里1号
邮　　编：100024
发行电话：（010）65778403 65728372
65767462（传真）
本社网址：www.tepcb.com
E-mail：tepfx@163.com
排版单位：北京旅教文化传播有限公司
印刷单位：北京柏力行彩印有限公司
经销单位：新华书店
开　　本：720毫米×1000毫米　1/16
印　　张：16.75
字　　数：246千字
版　　次：2015年1月第1版
印　　次：2015年1月第1次印刷
定　　价：58.00元

（图书如有装订差错请与发行部联系）

感受 文化震撼

任何人一旦离开自己熟悉的舒适环境，骤然进入陌生的环境，就会感到迷失了方向，这种迷惑的状态就是文化震撼。“文化震撼之旅”是一套信息可靠的著名丛书。几十年来，一直都有助于移居国外或长期访问居留者减轻初到一个新国家（地区）所感到的文化震撼的冲击力。

这套丛书的作者都曾经在相关的国家（地区）生活过，并且亲身体验过文化震撼。他们和大家分享一切必要的信息，以便大家能更有效地解决种种迷惑。丛书的写作风格简单易懂，话题广泛，能够给读者足够多的忠告、提示与建议，以使他们能够重新尽可能正常地生活。

每册书结构一致。首先介绍不同的游客对某个城市或者国家（地区）的第一印象。要想了解一种文化，就必须首先了解其人民——他们来自何处，是什么身份，遵循什么价值观和传统，以及他们的风俗习惯和社交礼仪怎样？这些构成了书的前半部分。

接下来是各种实用的生活常识——告诉您如何最为舒适地定居下来。作者带领读者，先是了解如何寻找住处，如何把水、电、气、通信等各项设施开通，继而了解如何给孩子注册入学，以及如何保持健康生活。当然，还不仅这些。一旦解决了和基本生活有关的问题，就要出去尝试当地的饮食，享受更多的文化生活，并且到其他地区旅游。然后，在更深入地了解经济生活之前，还要透彻地掌握该国（地区）的语言。

在最后一章，作者先给出一些方方面面的基本信息，再测验读者对该国（地区）风俗习惯与社交礼节了解掌握的程度。为了方便读者，还列出了实用性的词汇与短语、综合全面的信息资源指南和查询更多信息的参考书目。

香港紫荆广场

CONTENTS 目录

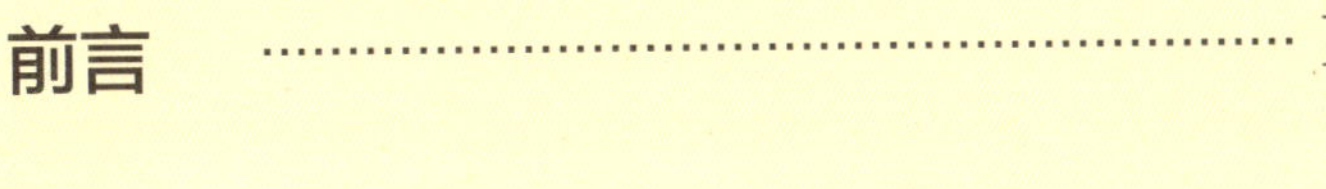

第二章
历史与地理概况

第三章
香港人

CONTENTS 目录

目录 CONTENTS

CONTENTS 目录

目录 CONTENTS

CONTENTS 目录

目录 CONTENTS

CONTENTS 目录

第八章 语言学习

第九章 工作在香港

第十章 香港掠影

附录

FORWORD 前言

关于中国香港的矛盾和惊喜随处可见，它们有些显而易见，有些却是外人难以理解的，现在就让我这个向导带领大家走进香港深处去探寻那些不为人知的精彩吧。

市中心皇后大道 9 号的大钟

大钟坐落在皇后大道 9 号，高 21 米，在钟的顶部安置着 12 个身着中国古代服装的雕像，它们的样子有的像平民，有的像武士。每个人手持不同器具，每一件器具上分别雕刻着 12 种动物的形象，这些动物代表着中国的 12 个生肖。其实这 12 个人物雕像是 12 个报时器，在电脑的控制下它们会有序地旋转报时。每当钟声敲响，都会有一个“小人儿”从顶部的窗口中探出身子，或者挥挥胳膊，或者点点头，或者对来往的行人和车辆鞠躬示意。其细腻入微、栩栩如生的表情让人忍俊不禁。

12 个人物雕像都配以西式的八音盒。这座融合了中西风格的钟塔，实际是由荷兰皇家制表厂派缇德·福瑞岑

香港中环远眺

(Petit en Fritsen) 在荷兰当地铸造的。这家表厂的制表历史可以追溯到 17 世纪中期。时至今日，尽管每天有许许多多的人从塔边经过，但真正注意到它的没有几个，了解它的历史和它精湛的设计的人更是少之又少。因为在 21 世纪快节奏的今天，还会有谁愿意放慢脚步去琢磨一个朴实、不起眼的大钟呢？作为一位向导，我会第一时间建议初来香港的人放慢脚步，仔细看看它，聆听它的荡漾心房、洪亮悠远的钟声。

为什么要先介绍这座钟塔呢？在你细心观察过它，听过它清脆的钟声后就会找到答案：因为中西文化的融合在这里体现得如此自然，尽管文化间的冲突依然存在，但我想“融合”是我们所有人都需要面对的一个趋势。

香港回归已过 17 年，有人也曾为它的未来担心过，以为脱离了英国的统治，香港的社会环境会被完全改变。其实不然，中国政府对香港坚守“一国两制”、“港人治港”的原则，使得香港的本色氛围至少会保持到 2047 年。

维多利亚湾夜景

多变的香港

虽然香港的英文普及程度很高，但千万不要被大街小巷随处可见的英文字母误导，以为这里和西方国家的城市没有什么区别。在出发之前一定要作好充分的思想准备，一场文化震撼之旅正在等待着你。香港的文化复杂多变，可以这样说：每天当你睁开眼睛，在你面前的已经又是一个全新的香港。要想适应它的多变，的确需要时间，但无论怎样，我希望你面对一切事物时都拥有开放的胸怀、冷静的头脑。而我更加相信，香港的精彩绝对不会让你失望。

皇后大道大钟

为您量身打造的实用旅行手册

创作这本书的主要目的，是为了给那些向往来香港旅游、准备在香港工作或安家的外国朋友作一个实用而又深入的介绍。这本书同样适合到香港短期逗留的旅游者阅读，因为它不只是提供走马观花的旅游信息，还包括许多有现实意义的资讯，并对香港人的生活态度、意识形态和历史背景进行了真实的描述与分析。相信这些分析会为大家更快更积极地融入香港这个陌生都市提供巨大的帮助。最后希望大家能在香港获得属于自己的独一无二的人生经历。

鸣 谢

诚挚感谢如下朋友和机构为本书提供了丰富的参考资料并帮助其出版：协康会，名厨协会，香港土地局及Constance Ching，香港特别行政区政府信息处，移民局和交通处，香港房屋委员会，香港旅游协会，圣约翰大教堂咨询中心及尊敬的Karol Misso先生，美国领事馆，香港演艺学院表演系以及苏珊娜（Susanna Chan）；《九龙日报》以及艾瑞克·李（Eric Li）；福兰克·威尔士（Frank Welsh）先生所著的《香港历史》一书的及时出版也为本书的编写提供了极其宝贵的参考资料。

我非常感谢很多朋友在本书编写过程中所给予的耐心帮助和支持。我还要特别感谢我的女儿弗朗西斯·凯瑟琳·刘（Frances Katharine Liu），她为本书内容的更新花费了大量的时间和精力。

最后，我要对马歇尔·卡文迪什国际（亚洲）私人有限公司的编辑们对本书所付出的关心和支持表示由衷的感谢。

贝帝·魏

第一章

第一印象

“努力是必须的，但是对于结果不要过于苛求。”（大意）

——孟子（约前 372—前 289）

当飞机刚一降落在赤鱲角机场的跑道上，你立刻就能感受到香港——这座繁华都市跳动的脉搏。透过舷窗，中国南海碧蓝的海水和被灌木掩映的群山映入眼帘。与此同时，舱内再一次传来乘务人员善意的叮咛："各位尊敬的乘客，在飞机没有完全停稳之前，为了您的安全请不要解开安全带，也不要从行李箱中拿取行李，谢谢您的合作。"然而大多数乘客好像并不在意，他们早已迫不及待地从座位上站起，争先恐后地从行李箱内取出行李，一个个迫不及待地等在过道内，那样子恨不得舱门一开就第一个飞奔出机舱，生怕落于人后。不用奇怪，他们所给你的感觉其实就是"香港的节奏"——一种永远不甘于人后的紧迫感！

竞先的理由

当你逐渐融入香港社会，切身地感受当地人的生活方式，你就会越发强烈地感觉到竞先是中国香港人的特质。竞先不仅表现为要快速地到达目的地，香港人处处都想快人一步。这种要胜人一筹的意识源于西方，如今成了香港人的特点。经过时间的证明，这一特点对于香港的发展有着十分积极的意义。正是它引领着香港人不懈努力，取得了世界上令人瞩目的地位。原本只有少数有权有势的人掌握着香港的财富，而如今大多数香港人都能过上富足美满的生活。香港人能够在短短的 30 年内，以不可思议的速度改变、改造了这片土地，创造了并且还在创造着无数的经济奇迹，使之一跃成为亚洲最为繁华的都市之一和世界瞩目的财富中心，凭的就是那股永远不落于人后的竞争意识！

虽然机舱里曾经遇到的那些匆忙的香港人只能算得上是一个缩影，但他们却体现了整个城市的特质。尽管香港旅游协会的会标是一条形态轻松、悠然于世外的龙，但是香港早已不再是一个沉寂于第三世界的小渔村了，它是一条正在腾飞的中国龙。

香港英语的普及程度很高，你遇到的所有人几乎都会说几句英语。在大街上路牌、店牌都是中英文双解的，像这样详尽的标志其他地方很难遇到。英语不仅是大家日常

香港风光

> 想在香港取得成功，就得忍受出门在外的压力。无论遇到什么事情，都要时刻提醒自己勇于面对、积极进取。

生活的交流工具，更是工作中必不可少的交流平台，像平时往来的信件、重大会议、商务谈判等都以英语为主。打开收音机、电视机可供选择的英语节目比比皆是。像类似于《亚洲华尔街日报》《金融时报》《国际先驱论坛报》这样的外语杂志、报纸，在任何一个报刊亭你都能买到最新版。美式快餐店随处可见，口味与美国的一模一样，各款西式冷饮、蛋糕是甜品店里的主打食品。如果你是一个适应了现代生活的外国人，在这样一个西化的现代都市里，你一定会有宾至如归的感觉。

这时许多没有来过香港的人都会问，香港既然这么西化，和所有现代化大都市有什么区别，那么我们还有来的必要吗？这就是香港最有趣的地方，揭开它动感、时尚的外衣，你将感受到香港那根深蒂固的传统文化。无论你对西式文化多么的熟悉和适应，香港必定会带给你一次文化震撼，一定要做好准备啊，准备经历一段神奇之旅吧！

非中国式的多样性

与其他亚洲地区不同，中国香港的文化背景看似比较纯粹，一直沿袭中国的传统思想，但稍一仔细分析你就会发现其特殊性。香港现在为中华人民共和国的特别行政区，隶属于社会主义制度国家，但香港现行的政策绝对是纯英式的，尽管行使的制度是西式的，但人们的文化背景和生活习惯还一直沿袭着中国传统的方式。在香港，绝大多数的人都是黄皮肤的中国人，但管理方式和现行法律都是传统英国的产物。这种种看似完全没有关联的事物却在香港被自然地联系在一起，这就是香港的复杂之处。香港总有许多你意想不到的事情，这里的商店聚集着世界上最知名奢华的品牌，可你走出商店就会发现，街边有大量不法商贩也在销售廉价的仿制品和假货，这样的场面

容易被误解的身份

我曾经认识一个广东银行职员，他有过这样一段经历。一天他穿着一条白色的裤子，夹着一个厚厚的公文包走到中环的渣打道。由于疏忽，他将一张100元的钞票很明显地暴露在皮包外，当他走到丽思·卡尔顿酒店的拐角处时，忽然蹿出三个男青年跟他搭讪。其中两个人站在他左右两侧，另一个则不经意地碰撞他以便抢劫，这个银行职员迅速做出反应，以出其不意的速度制伏了三个青年。后来一打听才明白，三个男青年将他误认成日本人了才决定抢劫他，而他们做梦也想不到，被抢的人曾经在海军陆战队服过役。

香港大澳渔村

在第三世界国家常见。如今香港已经是公认的金融中心，可做起买卖来，你又会发现，无数支持着香港运作的公司、财团大多都是家庭产业，都是从家庭小作坊发展起来的。香港社会的文化，是以传统的中国文化为主，但长年英国的统治也造就出许多欧式生活习惯，外加上世界各地的商人都齐聚于这里，他们又纷纷将自己国家的特殊文化融入香港，这错综复杂的联系还真不是一时能弄懂的。

第二次世界大战后，亚洲经济飞速发展，这表现在城市面积的大幅增加，香港在这方面无疑是非常明显的。就是在这样一片日新月异的土地上，中国一些历史悠久的文化一直被保存着，更让你吃惊的是有些文化几乎在中国内地都很难找到了。香港是一个融合了多种文化的大都市，不仅仅是中国与英国之间的交融，还有东西方文化的交融，实在是值得来此一游。

初到这里，周围陌生的环境必定会让你一时无法适应，你每天或许都得经历视觉和听觉上的双重“轰炸”。许多人都跟我讲，这里给人的第一感觉十分像自己城市的“唐人街”，无非是更大一点、更吵一点。每次我都会这样回答他们：“唐人街只是外表传统，可本质已经改变；香港则恰恰相反，它是外表新潮可本质依然没变。”

我之所以这样说是有事实依据的，

在香港95%的人都是纯中国血统的，外加上内地常住居民与游客约700万人，他们绝对支配着香港的主流文化。而居住在香港的大量亚洲人口主要来自菲律宾、马来西亚、日本、泰国、韩国、印度尼西亚和新加坡，这些人中大部分都是中国华侨或后裔。有人打趣地说，我在香港分不出谁不是中国人，就像我在欧洲分不出亚洲人里谁不是日本人一样。

中国香港的文化尽管源自中国内地，但经过历史的磨砺，香港早已不是传统意义上的中国式城市了，中国香港人的思维也与中国内地有着很大的差别。

一位游览过香港的外国人曾经这样讲，香港的风光是与中国内地有很大区别的。先不讲人的因素，就从城市面貌来讲，香港的大街看上去都是欧式建筑，一间间毗邻的外国商铺都会让人错觉是置身在国外的某个城市。

我想每个人对香港的理解都是不一样的，无论你将它视为西方城市还是东方城市，这都必须亲身在香港感受过才会知道。

青山绿水

香港地处亚洲大陆其中的一条海岸线，由多个特别管理区域构成，包括香港岛、九龙、新九龙、新界和中国南海的235个小群岛以及1100平方公里的海域。从地理结构上讲，香港属于中国南方山脉的延伸线且一直延伸到大海，许多高出水面的山峦现在都为主要群岛。香港岛屿的主要地质为花岗岩和火山岩，上面常年长满灌木与杂草。由于许多岛屿上没有淡水，所以不适合人们居住。近代随着污染的日益加重，许多岛屿的生态环境问题日趋严重。

香港清水湾

你来香港的第一印象就是感觉那么多摩天大楼耸立在群山之中。卡尔·柯劳（Carl Crow）在1933年的著作《中国通手册》中说："这里的城市建筑很壮观，但自然风景比较少，如果有机会到山上去俯瞰港湾、碧海和蓝天，那绝对是不错的选择。"现在人们也一样，无论从水陆还是空中到达香港都要去山上走一走，为的就是在这个高楼大厦此起彼伏的城市里寻找那片依然壮丽的自然风景。如今的香港，城市开发的速度越来越快，但每一个来过这里的人肯定都会记住这片山与海交会的地方，因为再繁华的城市也要依偎在自然的环抱中。

极限生活

为了在激烈的国际竞争中赢取先机，生活在这片土地上的人就要忍受别人所不能忍受的麻烦和压力。香港一直以世界手机使用率最高的城市自居。这就意味着在香港人们之间的沟通效率是最高的，试想一下无论何时何地他们都会与公司、同事、家人

青马大桥夜景

保持联系，在这样一个大环境下外来人会深受其扰。谁会愿意自己身边不停地发出各种奇怪的响声，尤其是在私人场合，但香港人可以忍受。

八宝汤

香港人一直很在乎吃，生活中的许多食品，如鲍鱼等海鲜让他们摄入了大量的蛋白质。许多人肯定会认为这是好事，巴不得品尝一下这些美味，但有谁会将中国南方的传统食品咸鱼与鼻癌联系起来呢？我想没有谁会意识到，毕竟天天抠鼻子也不一定得鼻癌啊。但据科学数据统计，随着海水污染的日益严重，肝炎的发病人数呈逐年增加趋势。媒体也对当地海鲜食品中所包含的有害矿物质表现出极大关注。大量地摄入高蛋白质、高热量的食物已经导致香港高血脂的人数与整个美国持平甚至超出，这将直接导致心脏疾病和肥胖，现在人们已逐渐认识到这个问题的严重性。

有一句老的谚语说："吃中餐绝对吃不胖。"我想你只要去过香港的餐馆就知道这绝对是谣传。香港有 3 万多家各式餐馆，这其中还包括一个面积在 14 000 平方米以上同时能为6000人提供服务的巨型餐厅。自20世纪80年代以后，这个数字还在逐年增加。试想这么多的美味供你选择，你能不胖吗？

香港有世界上最昂贵的建筑之一，如香港上海汇丰银行的总部，它是世界上第一座造价在 10 亿美元以上的建筑物。另外香港人对名贵汽车的追求也达到了极致。香港是私人拥有劳斯莱斯汽车最多的地方，也是除德国外进口奔驰汽车最多的地方。曾经有一次劳斯莱斯车队巡游，竟然同时集结了不同型号、不同年代的车共 114 辆。2004 年巡游车队还组织劳斯莱斯车队从香港出发沿途上千公里到达内地的桂林，要是没有雄厚的资金支持是决不可能完成的！

香港还是第一个出版盲文报纸《南华早报》的城市，该报纸现在同时在香港和英国两地发行。香港也是旅游者最喜欢光顾的地方之一。2013 年，到香港的旅游人数就达到 7688.46 万人次。2012 年时是 7871.30 万人次。

田园香港

说到香港，就自然联想到繁华都市，联想到高楼大厦。其实香港 70% 的土地仍属

于乡村，那里还有许多小村庄、人迹罕至的丛林、山地和大量的野生动物。香港公园的占地面积几乎达到香港总面积的40%。但香港平原地带面积不大，很难满足日益增长的人口的居住需要。

香港政府现在正在积极筹措建立新城镇，并通过改造村落和填海的措施增加实用土地面积。在20世纪90年代初的时候有许多乡村的土地被人们所忽视，一直没有被开发，可现在田园的生活方式才是大家所向往的健康的生活方式，如锦田、唐人村等优质、舒适的生活区域已经逐步建立起来。

繁华都市

密密麻麻的玻璃幕墙和摩天大厦，在夜晚集体散发出五彩斑斓的霓虹，这绚烂的色彩立刻让初次来到香港的人感到置身在了世界上数一数二的大都市里！这些世界闻名的摩天大厦为香港营造出国际化都市的氛围。

在建筑构造方面，香港和纽约有许多共同之处，且颇具代表性。两个城市的建筑物都是沿海工程，地基打在坚硬的岩石上，具备了筑造高楼的基本条件；再者，两个城市都是寸土寸金，建筑物的造价都要精确到平方英尺。为了更充分地利用空间，开发商建造了那么多使劲仰着头都不一定看得到顶儿的摩天大

香港国际金融中心

中环路摩天大楼

楼，就不奇怪了！

香港大厦的最高纪录曾经连续 20 年被 1973 年竣工的 52 层高的干诺道中心（1989 年更名为怡和大厦）所保持，现在看来它就像个侏儒，因为在它之后中环、西环还有湾仔等地又不断有更高的大厦建成。2003 年国际金融中心落成之后，最高的大厦在位于湾仔的中环广场。

建筑与建筑师

我认为任何一座大厦的设计和建造，都体现了不同企业或公司之间的激烈竞争。为了打下更好的发展基础，公司的决策者们不惜代价，聘请世界上最有声望的设计师，选用世界上最先进的建筑材料。

中国银行的办公大楼是由美国知名设计师贝聿铭（I.M.Pei）设计的。他的祖辈是上海银行界赫赫有名的人物。大厦位于皇后大道和德辅道的交接处，地基从圣约翰大教堂延伸到政府大楼。这座大厦被公认为香港 1989 年以前最壮丽独特的建筑。

香港上海汇丰银行可以说是亚洲金融界的中坚力量。它的办公楼与中国银行相邻，建筑风格堪称是土木工程与现代建筑的完美结合。大厦的设计者是英国知名的建筑专家诺曼·福斯特，其在建筑界的地位和设计水平至今还没有人能够超过。如今屹立在皇后大道上的香港上海汇丰银行，已经成为市中心的标志性建筑之一。

20 世纪 80 年代早期，城市改造的脚步逐渐加快，为了满足新的城市规划，许多第二次世界大战之前建造的大型建筑都被一一拆除，只有少部分保留下来并沿用至今。像矗立在中心码头的钟塔，仍留有塔身的一部分。有着球形屋顶的最高法院大楼保存完好，如今是立法会的所在地。曾经很惹人注意的“红砖”建筑是建于 19 世纪的法国公使馆，经过多次翻修，现在作为终审法院使用。圣约翰大教堂还一直保持着建筑之初的模样，通体为白色，天花板为湛蓝色。

拥挤

置身于香港就必须习惯拥挤。这不是耸人听闻，我认为，在工作日的中午12点到下午2点半间的就餐时间，凡是腿脚不方便的人最好不要上街。世界各地的人似乎都把乱穿马路当作一种游戏，但在香港这一点是值得称赞的，香港人非常遵守交通信号灯的指示，只要遇到信号灯变化，大家都会排队，耐心等候。其实这个习惯的养成也是有原因的，信号灯所在的地方多是事故多发路段。1997年时，就有一位粗心的司机驾驶失控，造成了一死多伤的惨剧。敬畏信号灯的不只是行人，公交司机就曾以“抵制政府加大对闯红灯的惩罚”为理由进行罢工。他们认为：在政府加大了惩罚力度的同时也大大地增加了他们工作时的心理负担，导致他们行驶到路口时会更加紧张，从而更容易出现事故。由此可见这里的路况是多么复杂！

在香港挤电梯绝对是一种挑战！首先，无论你何时站在电梯口，后来的人都会一而再、再而三地不停按按钮。这还不算什么，最可怕的是当电梯开门的一瞬间，人们就像开闸的洪水一般，门里的拼命往外冲，门外的又拼命往里挤。如果你没有站在前面，又或者没有站在有利的位置，那就不知道会被挤到哪里去了！千万别被这架势吓住了，也千万别犹豫，加入他们！这里的人才不在乎拥挤呢！

流动的奢华

香港的交通给人留下相当深刻的印象，不仅仅是因为到处可见的豪华车。尽管有些司机有时为了赶时间也有开车不规矩的时候，但与许多其他亚洲地区相比香港的交通还算通畅。香港大街上的豪华轿车更是随处可见。像劳斯莱斯、捷豹、奔驰、宝马、丰田、皇冠和凌志等，人们争先恐后地购买这些奢侈品以显示他们的财力和地位。所以这些汽车品牌的制造商早早就在香港设立了销售点，这个明智的选择让他们个个赚得盆

在香港必须习惯拥挤

香港街头的大排档

香港一条街上的烧鸭鹅店

香港的豪华车比比皆是

满钵满。现在香港每6辆车里就有1辆是奔驰，每60辆车里就有1辆是捷豹，试想一下，行驶在这样的路面上会是什么样的感觉？

尽管上面提出的数据过于粗略，但也好理解为什么劳斯莱斯会在1996年9月选择香港为其产品的最大展示区，那年在半岛酒店同时展示了10辆其品牌的车型，在香港文华酒店和香港洲际酒店各展示2辆（在香港洲际酒店还同时展示着18辆戴姆勒轿车）。曾经还有人宣称，仅他个人收藏中就包含了十几辆劳斯莱斯。而劳斯莱斯1%的产品现在都安家在香港。想看看世界顶级的跑车吗？只要你站在香港大街上就可以满足这个愿望了，保时捷、法拉利和玛莎拉蒂这些家伙会轰鸣着从你身边掠过。而一些美国的高端品牌如凯迪拉克和底特律在这里却不多见，原因是香港曾为英属殖民地，交通规则和方向盘位置与美国有很大区别。要不然肯定少不了这些美国顶级品牌的轿车。

味道

刚一出飞机，你的鼻子就会在第一时间捕捉到香港郊区的味道，空气清新，不像城市那么混浊、喧嚣。香港西部的空气里总是弥漫着海产品的味道，如果谁不经意间走进街区的深处，这种味道会更加强烈，味道源于那里比比皆是的海产品工厂。1981年港督政府为了加强卫生监督和限制鱼翅等渔业项目的生产，颁发条令要求商家办理严苛的经营审批手续，这才抑制住了海产品公司的数量。

起初许多市民和商家对当时提出的一系列卫生措施和审批手续不太理解，因为它大大增加了产品的生产成本，使得以前许多常见的日常消费品变成奢侈品，但随着2003年“非典”疫情的暴发，市民顿时明白加大卫生监察的必要性。这些举措也使得区域内浓烈刺鼻的海鲜味道逐渐缓解。

这里还有一些特殊的气味，那就是雨季来临的时候，衣服上所散发出的那股潮腐的味道。当你待在类似于电梯间这种狭小的空间里时，感受会更加明显。香港人不像美国人那样，习惯在衣物上喷洒一些清新剂，所以在炎热潮湿的夏季，这种味道够你受的。

嘈杂

香港人讲广东话，即粤语。粤语是中国一种十分特殊的地方语言，发音复杂。这种语言乍一听起来会感觉闹哄哄的，鼻音和喉音较重。第一次听到他们说话的人会觉得他们的音调很难让人接受。巷子里常会听到女人和孩子们扯着嗓门去埋怨家里的男主人，而男人解决问题的最好办法好像就是用自己的嗓门盖过他们的声音，也不在乎是不是在公共场合。

汽车的噪声就更令人头痛了，虽然香港司机并没有一直在路上按汽车喇叭，但他们习惯在开车时打开车载收音机，并把音量开到最大。在夏季，因为车里开了冷气所以车窗都紧闭着，还感觉不到多喧闹。一旦到了凉快的季节，车窗都摇了下来，那时大街上可就热闹喽。乘坐过香港的士的人都知道，车里能发出声音的装置一般不少于两种，一个是出租车司机专用的呼叫器，时不时地就“呜啦呜啦、吱啦吱啦”地传出众司机和总部的联络声；另一个就是车载收音机里传来的各式各样的广东话节目，急促的广播节奏，让听不懂的人头脑发涨。

小结

不要犹豫，融入精彩无限的香港吧！虽然这里竞争激烈、节奏繁忙，但也同样充满着机遇。也许你会听见身边香港人的诸多埋怨，但了解他们后你就知道，香港人是多么勤奋、友好，乐于帮助别人。所以香港的精彩必须走近才能真正看清楚，跟着我的眼睛走近看香港吧。

香港的街道天天人满为患

PHILIPS
HYUNDAI
CHINA MOBILE
AVENUE OF STARS
PROD.
SCENE
TAKE
DIRECTOR
DATE

从九龙看香港

第二章

历史与地理概况

“历史只不过给了我们一纸清单，上面列有一些靠他人财产起家的人的名字罢了。”

——伏尔泰（1694—1778）

鸦片战争纪念馆

香港早期历史

众所周知，提到香港的发展史，不得不从 1841 年英国商人的商业入侵开始。英国商人之所以这么看好香港这块地方，是因为这里自古就是把中国南方与世界贸易连接起来的重要桥梁。许多人直观地认为，香港既没有太多商贸往来的限制，也没有狭隘的种族歧视，可以说是一个名副其实的自由港，非常有利于国际商家们与中国之间的商贸合作。

再将时间调回到 170 年后的今天：香港特区政府充满自信地向全世界承诺“香港的经济环境一直不会改变”，而每天，都会有世界不同地方、不同肤色的人聚集到这里，续写着香港发展创造的神话。香港已经成为一个实实在在的国际贸易中心和金融中心。

1997 年，香港政权正式移交回中华人民共和国。根据中国政府与英国政府 1984 年签署的《联合声明》明确指出“香港政策保持 50 年不变”，即中国政府提倡的“一国两制”，这项政策保证香港的自由资本主义形态起码能延续到 2047 年。

广东体系和鸦片战争

1840 年到 1842 年间的第一次鸦片战争，是由于英方袒护在华的英国商人贩卖鸦片而引发的一场战争。中国当时的封建统治受到西方意识的强烈冲击，而这种大环境的变迁也能够使我们从侧面了解香港的发展史。

从 1760 年到第一次鸦片战争之前，清朝政府处理对外贸易的政策是采取绝对限制的办法，除了在广东与俄罗斯有少量的贸易往来外没有任何其他的对外合作。而所谓“广东政策”，其实就是中方规定：外国商人可以在广东的一些码头停留，但他们的家属和雇工却不能直接进入中国，只允许停留在澳门。如果需要与中国进行商业往来，就必须通过中国皇室钦点的少数几个洋行进行间接、被动的商贸合作。但清朝政府压根就不从英国商人那里进口任何物品，致使英国商人费尽周折运来的商品没有销路，英商们损失惨重。为了弥补损失，英商们就通过向中国走私印度的鸦片以牟取暴利。

渐渐地，鸦片的违法交易成为中英政府之间的最大矛盾。清政府下达命令，与鸦片相关的进口、种植等一切事宜全部禁止。但政策的出台根本遏制不了日益严重的鸦片走私。从 1826 年以后，广东地区大大小小官员都在参与鸦片的走私活动，形成一个规模庞大、复杂的网络。仅在 1828 年至 1833 年，英国商人就从中国掠夺价值 2960 万美元的白银（美国掠夺 1580 万美元的白银）。

疯狂的走私活动使得中国境内贸易混乱，大量白银的流失致使当时中国的经济严重滞缓。此外还有更严重的连锁问题，人们吸食鸦片产生的毒瘾极度危害了健康，这种可怕的危害甚至还影响到中国的军队。清朝政府亡羊补牢，这时开始取缔所有贩卖鸦片的经营场所，推出一系列反鸦片政策。到 19 世纪末，英国政府还在试图劝说中方放宽贸易限制，但清朝政府根本不予回应。我们必须要说明，1834 年的英国正在经历工业革命，飞速发展的经济迫使他们需要大量的国际市场以帮助他们维持生产。而当时中国这种消极的态度迫使许多有影响力的英国商人游说本国议会，极力劝说政府给予他们支持与帮助，以便能强行打开中国市场。风云变幻的国际走势，让香港这个中国与外界的枢纽变得越来越敏感，越来越重要。

1839 年 5 月，时任广东巡抚的林则徐（1785—1850），在一次禁烟活动中，销毁了从英商手中没收的 321 306 箱鸦片。于是英国政府就以此为借口向中国发动战争，凭借军事上的优势很快取得了胜利。1842 年 8 月，中英双方签订了《南京条约》。条约规定，开放中国 5 个港口便于英国贸易，并将香港岛割让给英国。

林则徐雕像

香港沦为英国的殖民地

其实英国最初并没有打算在中国的土地上建立殖民地，而是在中国的某个港口安设一个领事馆，以便于其在中国的各种商业活动。建立殖民地的想法的最终成型是在鸦片战争以后，而且最初的选择也不是香港，而是舟山，当时那里更加繁华，更利于海上贸易，可英方最终还是选择了香港。当时英国外务大臣罗的·帕默斯顿对政府与皇室选择一个连像样的房子都没有几间的荒岛作为殖民地非常不理解。

香港殖民地时期留下的建筑

另一方面，早在1836年，许多在广东的英商就把香港作为贸易、生活的避风港，在他们看来香港早就应该成为他们的土地。当时的一位记者曾在《广州记录报》发表过这样的言论："如果英国这只雄狮的利爪可以触碰到中国南海岸任意一个地方，那香港肯定逃不出它的手心。"他还这样讲过："英国统治下的香港定会是个自由港，说不定10年之内将变成东方的好望角。"

1835年，广东贸易区的主要负责人，英方驻中国的全权代表查尔斯·埃洛特（1801—1875），被公认为香港第一位战略发展家和规划者。他是政界要员迈哲思的儿子，海军上将乔治·埃洛特的表兄。他相信，香港凭借其特殊的地理位置、自由的人文环境、相对广东来讲有利的气候、大量的水资源使其必将成为中国与东南亚之间重要枢纽，成为世界瞩目的繁荣之港。

1841年1月，尽管伦敦政府不赞成，可埃洛特还是亲自指挥军舰占领了香港。随后英国与国际上的许多商人跟随他的脚步进入香港，他们通过拍卖的形式得到土地。埃洛特的继承者是陆军上校亨利·珀汀格（1789—1856），此人在"扬子之战"以前，只在香港待过一天，他本人对埃洛特的很多决定持支持态度。在1841年8月的某一天，就在埃洛特因为没有遵守帕默斯顿的命令被召回到伦敦后，他被指派到香港成为第一任港督。

鸦片与领土的增加

尽管战争初期鸦片商们起着重要的作用，但《南京条约》没有涉及鸦片的问题。埃洛特开始从各个外籍供货商手里收集曾经一度被林则徐禁销的鸦片。其中威廉·嘉汀就拿出自己的7000箱储备，外加公司名下的2000箱共计9000箱。提供鸦片的不乏当时一些知名的大公司，如登特公司拿出了以往交易过的最大一批鸦片，其次是帕瑞商行的荷瑞吉柏·若斯通吉和美国的若瑟公司，他们是第一批商业联盟的成员。在他们的参与下，香港很快就成为鸦片交易的核心市场。起初这些公司都被视为走私集团，但随着鸦片交易量的疯狂增长，他们在获得丰厚利润的同时，也一跃而成为大财团、大企业，并且逐渐转型，不再经营鸦片交易。

这些人开始尝试各式各样的买卖，有的把注意力放在与航运相关的业务上，而买家多为自己的公司，只偶尔替其他公司提供服务。有的开始涉足银行界，为大量商人解决在涉外贸易中遇到的异地汇款问题。其间，有几家伦敦银行也伺机进入香港市场，企图开发中国内地的业务，但并不成功。首先中国商人并不信任这些“外来的和尚”，其次对中国市场的不了解致使他们制定的经营理念和方式很难被接受。1864 年，香港上海合作组织的建立立刻垄断了中方与外商之间的所有贸易合作，成为主流的金融、银行机构。逐渐地，香港呈现出三大利益集团，分别是香港赛马协会、香港上海汇丰银行和香港政府。

1843 年以后，船运业务已经不能够满足英商的胃口，于是他们委托英政府向北京施压以获得更多的经营项目。与此同时，法国政府也在就此事宜与中方协商。但英法两国都吃到了同样的闭门羹，清政府坚决拒绝了他们的要求。此后发生的一件事情彻底改变了整个情况。当时清政府正在搜寻一群流窜在近海的海盗，他们号称“箭”。这群海盗多是由一些港岛的商贩组成的，他们刻意在自己的船只上悬挂英国旗帜或标志以逃过追查。狡猾的英方知道这个消息后，就以清政府打击英国船只为理由再度向中国宣战，即第二次鸦片战争（1856—1858）。战争中，英法联军占领了天津，并一路打到清朝政权的中心——北京，烧毁了举世闻名的圆明园，迫使当时的中国统治

维多利亚公园，现在成为游客观光、小憩的地方

《香港大公报》曾经报道过一条消息：香港港口停泊的所有船只中，每四条就有一条装满了鸦片，当时商铺里摆放的商品，鸦片的数量要远远大于日用品。

者流亡到外省。清政府在如此窘迫的环境下，很快就同意与英国签订了《天津条约》（1858）。在这次的条约中，规定了鸦片交易的合法化，并将香港岛附近的九龙半岛和石工岛等相关群岛割让给英国。此时，已经成为英国领土的香港群岛与中国的分界线仅仅是一条位于九龙的街道。

至 19 世纪末，随着日本对中国的入侵，不同国家的势力已经将中国瓜分得四分五裂。1895 年由于中日甲午战争的失败，中国与日本再次签订了一系列不平等条约。中国的颓势使英国政府十分担心其他帝国列强对它的滋扰，于是在 1898 年又与中方正式签订了租用协议，协议规定：其租用范围从九龙北部的深圳河向南至最初割让的整个香港岛，中间还包括了近海海域里分散的 235 个小岛和南海部分海域。租用时间为 99 年，也就是到 1997 年 6 月 30 日为止。

19 世纪的香港

首先必须要明确一个概念，“香港”这个名字由来已久，但在维多利亚殖民统治初期才被广泛使用。类似于这样的命名还有“皇后大道”，这条海岸线在那时是城市的主要干道，相当于城市的一条生命线。湾仔的许多商家、店铺当时都临街而建，为的是方便聚居在商铺后面生活区里的商人们。那时的黄泥涌就属于中国人聚居的大社区，非常繁华、热闹。但越来越多的新商家和中国居民选择远离海岸和国际商务区的市集来做生意，如广东市集，位置临近今天的太古广场，属于中环广场的外围区域。

1842 年 8 月，中英签订了《南京条约》，香港岛割让给英国

香港很多老建筑，都留下了殖民地的痕迹

香港现在许多特有的生活方式其实跟当初人们的意识转变有密切的关联，像半山居住区就是最好的例子。陈伟宽（Chan Wai Kwan）在他的《香港社会的形成》一书里这样描述，当时的富商和他们的家人为了与公司的员工们拉开生活距离，为了寻找更凉爽舒适的生活环境，他们把家安在了海拔 565 米高的半山上。

中国人大约是在第二次世界大战时期才开始陆续到半山居住的，卡尔·克尔（Carl Crow）在 1933 年时曾经这样描述半山的房子："它们一排排地矗立在陡峭的山壁上，那些位置好像只有鸟儿才可以到达！"尽管夸张但也不为过，大家很难想象最早居住在上面的人只能靠自己攀爬或雇人抬轿子才能到达。夏天的半山其实也很潮湿闷热，但相比较于平原地带，凉爽的海风还是让居住者十分惬意的。而那时一些非中国籍的中产阶级（大多由葡萄牙人和欧洲人组成，他们的配偶多为欧洲男性或中国女性）大多聚居在湾仔，在这里聚居的目的也是为了将他们自己的身份与普通市民划分开。

但凡能居住在半山别墅的人，生活都很滋润。因为他们雇用了大量的用人为他们屋里屋外忙活着，房屋里的设备一应俱全，所有吃喝酒水都是坐船从外国拉回来的。优裕的生活使这些中国的富商安逸于自己的世外桃源，很少与政府官员、外商以及外国机构接触。

殖民政府的官邸而今犹在，兴建于 1855 年。初期的殖民政府官员当然不愿意与商家、买办、老百姓们"同流合污"。他们珍视自己的贵族血统，时时刻刻与他人划

从 1843 年起，赛马在香港变得国际化

香港理工大学校园

清界限，在维多利亚时期政府官员几乎不和任何外界人士共进晚餐。很难想象 19 世纪中期的香港，与殖民政府接触过的本土人士仅是屈指可数的 43 个人，这是多么明显的种族观念。

赛马每年 2 月在澳门举行，在鸦片战争之前就已经出现了。从 1843 年起，英国统治者每年 2 月 20 日到 25 日加入其中，使赛马在香港变得更加国际化。

然而，1844 年香港总督戴汀治不合时宜地对外宣布：英国是中国唯一的全球代表，英国政府认为澳门是中国皇家的一部分。这个言论激怒了葡萄牙政府，使其立即决定禁止任何有英国身份的人出席澳门马会。于是香港不得不在本港开辟出一块地方用于赛马。这块赛马场是用高粱地里的湿土填充而成的，结果带来了大量的蚊子。赛马场建成后被称为“欢乐谷”，香港人则直呼它为“跑马地”。

香港马会也是在同期确立其地位的。我们可以发现香港马会的一个有趣的现象，如同圣约翰大教堂是在 1849 年兴建，而到 1873 年才被同意改建为学校一样，尽管在 1846 年“欢乐谷”开放的当时就有大量中国人喜欢上这项运动，而中国人正式成为赛马协会的管理者则是在 1925 年总罢工以后，也就是 1926 年才被允许加入马会俱乐部。当时，香港拥有赛马最多的人是余东璇。此人在马来西亚经营的是中药生意，在香港也经营有中药店，后来在香港兴建了数座至今仍在使用的欧式城堡。他在巅峰时期曾拥有 23 匹优质赛马。赛事主席保罗 · 查坦在位 34 年，他最多时拥有 18 匹赛马。根据俱乐部的记录，查秀慧是第一位俱乐部中方管理人，这位曾经的奶制品农场主是 1946 年 11 月被推选成为管理者的。

中国人在 19 世纪的香港

1843年10月，《虎门条约》允许中国公民自由进入英属殖民地。这种自由出入权一直持续到第二次世界大战。1840年时，清政府宁可将分散居住在20个村子里的3650名渔民和生活在渔船上的2000人交给英国人托管，也不愿意把领土的主权移交给渔民。香港岛正式割让给英国后，埃洛特宣布香港岛从此为英国的领土。除了规定香港不能滥用私刑以外，法律、风俗都依然按照中国旧制。这项声明使香港的中国居民与其他地方的居民从此有了隔阂。1844年，清政府正式承认了英国政府对香港的司法权。

从那时起，香港公民开始与英国居民享有一样的司法权利。两个中国社团的头目在鸦片战争期间为英国提供了大量的物资，从而积聚了巨额财富。而且他们还从英国政府那里获得了在市中心特许修建文武庙的土地使用权。后来这个庙宇的社团成为当时香港所有中国社团的龙头老大，直到1868年东华医院委员会的出现。该委员会成为华人群体的主要经济政治论坛。寺庙的建立表现出香港华人社团对社会的高度关心与责任感。它是公众力量集合的体现。它为快速成长的华人社区提供了可以进行宗教活动的场所，还为华人社区中故去的人提供了一个妥善安放遗体的地方。所以在那时，寺庙聚集了大量的财富。

传统上这样的社团并没有直属的管辖部门，它主要是由一些社会的上层人士和村里的教派长者组成的团体来管理。他们在一起讨论如何资助贫困人群，解决宗教集会、节日以及一些大型戏剧表演的经费问题，他们还会为宗教的日常消费拉赞助，兴建新的庙宇。上环的店主被允许成为修复庙宇的直接赞助人，随后被选为寺院委员会的成员。而寺院委员会也获得了来自各方越来越多的赞助，招募了越来越多的信徒。所获

香港圣约翰教堂

得的很多收入都支援给东华医院和保良局孤儿院。1870 年前，他们几乎领导着华人所有团体，到 1895 年为止，在香港的 248 498 个团体中，有 237 670 个是由他们主要负责的。

传教士克里斯汀从英国军队进入香港的那一刻起就积极为香港筹备学校，让中国孩子学习英语，获得各方面的知识。1842 年，默瑞森教育社正式移至香港，它是 1835 年由一位英国教育家罗伯特·默瑞森在广东兴建的学校。该校的创办者也是第一个来到中国的英国新教的传教士。凡是在他那里接受过商业培训的人，都在日后的商业体系中成为知名的商人，在上海的一些洋行中他们的实力也是不可小视的。

孙中山画像

尽管当时这些培训并不能为这些毕业生在中国大背景下的教育体系中取得优异的考试成绩，也不能获得传统社会政治体系下的官职，但他们却获得了给那些勇于接受先进思想,努力学习西方优秀理念的商家出谋划策的机会。举一个例子：容闳（1828—1912），他是默瑞森学院第一批毕业的学生，1854 年进入耶鲁大学学习。他曾经向曾国藩、李鸿章提出了许多关于建设上海手工业、船舶业、现代军工业以及纺织业的建议。

1860 年年末，香港开始实行身份辨认机制。1865 年的统计数字显示：125 504 名居民中有 121 497 名是中国人。1865 年维多利亚的第二个儿子参观香港时，专门用整整一天的时间出席中国团体的接待会和大型活动。

到 1880 年，大量的财富已经回到中国居民的手中。1888 年时，年纳税额达到 1000 美元的 18 个纳税人或团体中，有 17 个来自中方，剩下唯一的一个是英国的怡和洋行。1880 年时，中国居民获选加入立法组织，这些选举出来的代表与港督和殖民管理层共同制定宪法。吴蔡成为第一位出现在法庭的中国律师，也是第一位以中国居民的身份进入立法会的立法委员。

20 世纪的香港

从 20 世纪开始以后，香港渐渐成为中国革命派的避难所和政治活动中心。

孙中山铜像

孙中山（1866—1925）在澳门以北的广东香山县领导了一场革命，最终在 1911 年推翻了清王朝。孙中山毕业于香港医学院，他最初是把屯门西部的一间农舍作为革命根据地，开展革命活动，由于清政府坚决反对，当时的殖民地政府取消了他在香港的永久居留权。于是他又移居日本，在那里碰到许多志同道合的中国留学生。当时，凭借他的声誉还在日本建起了一座博物馆以证明他的革命意志。

1910 年，国际上各国共同抵制鸦片，香港被推到万众瞩目的位置上。到 1914 年，人们的主要焦点转移到了欧洲，因为在 8 月，第一次世界大战爆发了。在弗兰克·威尔士所著的《香港史》一书中提道："德国的国际交往被断送，经济迅速下滑，而在香港，作为英殖民地，却没有受什么影响，经济持续迅速发展，这与鸦片交易积蓄起足够多的资金有很大关系。"无论真正的原因是什么，不能否定的是第一次世界大战对香港经济不但没有影响，反而使其发展更为红火。当时香港至广东的铁路已经通车。这条铁路线从香港一直纵深到内地的汉口，是 1905 年在港督弥敦爵士支持下修建的。

1921 年中国共产党成立，党内的骨干人员在中国重要城市中纷纷建立劳工联盟，其中取得显著地位的有上海、广东，还有香港。在袁世凯死后，中国由各个军阀割据统治。当时，孙中山在广东建立政权，在那里他与共产国际进行了接洽。在 1925 年 5 月"五卅惨案"发生之后，由于英属的中国籍和印度籍军警残忍地杀害了示威学生和工人，引发了上海和广东工人大规模罢工，这股风潮随即扩散到香港。

香港的工人起义和罢工其实在 1921 年就已经开始，起因是在太古城的船员为了反抗外籍船员的欺压进行不断的抗争。直至 1925 年总罢工爆发，罢工的影响已经扩大到最大化（太古城至今还在）。工人们拒绝一切与英方的交易，禁止一切外方使用香港作为货物中转站。香港经济在那时受到重大打击，最后还是殖民地的中方结束了这场罢工，并与孙中山的党派继任者缔结了同盟。然而到 1930 年晚期，香港又一次出现了左翼工会联盟，就在同时，越南革命的先驱者胡志明先生在香港积极投身共产国际工作，那时的中国处在蒋介石统治时期，香港的环境却相对宽松。

香港殖民地时期的统治

沿袭了殖民地统治的管理方式，香港在建立之初就执行由港督全权管理的模式，当然港督都是由英国女王维多利亚任命的，至于执行委员会、立法委员会的成员基本都是由社会中身份地位高、资历经验丰富的人担任。直到1993年2月，香港的英国陆海空三军的领导人中才有一位是执行委员会的成员。而港督政府第一位非官方成员为托马斯·保罗·查特，他曾任詹姆斯·扎特的怡和公司的独立经纪人。此人在1896年被任命为执行委员会成员。再后来，社会中的一些商人与海外洋行的大老板也陆续以非官方的姿态进入香港执政层。

1984年以前，香港的高层领导人全部来自英国，中、低层的官员从各个地方雇用，其中许多人都毕业于1911年建立的香港大学。

随着1984年《中英联合公报》的发表，香港逐渐脱离英国的管理，由香港人自己掌握。从以下我们也可以看出。1973年前香港的官方语言就是英语，渐渐地，中文也被确认为官方使用语言，那些在香港土生土长的新一代管理者在沟通中明显优于外来管理者。1992年，越来越多的香港本土人进入管理高层，到1996年末，核心管理层中，外来官员占官员总数的28%，本土官员不再是配角，他们在越来越多的部门发挥着作用，主人翁意识越来越强，曾经被大家向往的英式政权现在已经由香港人自己掌握与管理。

除港督外，最重要的两个职位莫过于布政司司长和财政司司长。布政司司长主要负责公民事务，同时也是港督代表，财政司司长负责制作财政预算、制定经济货币政策、促进经济发展等。

第二次世界大战时期的香港

1937年7月，日本入侵中国。1938年，中国大部分领土被日军占领，这其中也包括广东省和香港北部。1939年，从香港逃亡的难民数约为100万人至150万人。1941年12月，日本袭击珍珠港后，英国作为美国同盟国正式加入对日战争。

日军是在圣诞节那天跨过广东边境占领香港的。尽管香港也进行了英

香港大学孔庆萤楼

香港的指路标

勇的抵抗，但最终港督马克·杨还是在半岛宾馆的房间内同日军签订了投降协议。所以直到1945年之前，香港一直处于日本的统治下。许多建筑物与工厂都被拆毁，大量的原材料被掳夺到日本。图书馆也未能幸免，香港大学中有些珍贵的书籍甚至被运送到东京银行。这些珍贵的书籍资料直到战争后才重新送回香港。当时日本正企图将香港吞并到自己帝国的版图里，他们逐渐修改着街道与建筑原有的名称，半岛酒店就曾经被日本称为“大东方酒店”。战争期间，香港的经济完全停滞，人们几乎找不到正经工作来维持生活，还好香港有大量的食物筹备。

当然战争中也出现了一些英雄。日军曾经在香港关押了许多俘虏，主要集中在两处战俘集中营，一处位于香港岛内的赤柱岛，另一处是九龙深水埠。关押的人员分别是同盟国的居民和军方俘虏。林德赛·瑞得先生（澳大利亚的一位药剂师，后来成为香港大学副校长）当时也被囚禁在这里，他从战俘营逃跑后，来到战时中国的首都重庆，并获得了蒋介石夫人的保护和支持。当他乘坐美军飞机再次回到启德后，建立起英军援助机构BAAG，并通过他的努力营救出大批抗日成员和无辜群众，给日军以巨大打击。1945年9月，他作为贵宾出席了香港政府举行的日本投降签字仪式。

1945年后的香港

战后，马克·杨再次回到香港任港督。受战时签署的一系列不平等条约的影响，战后的香港混乱不堪，使得香港能在1945年再次回归到中国成为泡影。随着内战结束，中国共产党成为中国的执政党。香港继续由英国统治。内战还造成了一个大问题：大量的难民逃到香港。1931年，官方统计的香港人口总数为73 866人，其中，中国人61 640人，欧洲人6636人，印度人3331人，葡萄牙人1089人，欧亚人717人，其他国籍人453人。而到1945年日本投降以后，香港人数已经达到60万人，在1950年春天激增到236万人。

战后香港移民的层次差异很大，他们不是来香港寻求发展的小商小贩，也不是为了生存打工度日的农民劳工。他们中的大部分是来自上海、宁波的商界精英，如银行家、企业家、金融家、工业家。由于他们都是社会产业发展的领导者，所以带来了大城市的新理念。这些影响体现在纺织业、服装业、船业、电子业的长足发展。他们的加入无疑将香港推上了国际金融和工业的大舞台。威尔士曾说过：“20 世纪 60 年代的香港，人们的思想更加务实，他们挣钱越来越有效率。”

香港的工作对求职者要求很高，也给妇女提供了平等的机会。莉迪娅，这位出生于上海的女士就是一位活跃在政坛的先锋，她身为高级立法委员，不断致力于推动香港立法的进步。

地方管理委员会

1967 年，据城市地方管理委员会介绍，他们与立法委员会没有直接联系。到 1994 年，又有 28 位新的地方委员会成员被选出，加之以前选出的 346 名。其中有 27 名官方认定的地方委员会主席。地方委员会主要的工作是根据时下居民关注的焦点和热门事件向政府提出建议，例如环境问题以及发生在各个区域的问题。地方委员会的办公室设立在各自的区域内，它们就如同一座座联系居民与政府的桥梁。

立法会的发展

立法会的建立要归功于英国殖民政府的大胆尝试。第一个立法会的非官方人士任命是在 1850 年，而从商会选举出的非官方成员是在 1884 年。从那时开始，各个行业都会有不同的人参与立法会的工作。这样有什么好处呢？很明显，原来的法律从建立到实施都由政府直接操作，不会有任何争议。而到了 1991 年，越来越多的各阶层人士入选立法会，使立法会的工作更有实效，更加全面。仅当年就同时有 18 人成为非官方立法会成员。

如今，立法会的选举更加细致全面，贴近市民。

香港回归宝鼎

重回祖国怀抱

一国两制

1997 年 6 月 30 日，割让香港的期限结束。查尔斯王子代表英国政府将香港的统治权移交给中国政府。至此，英帝国对香港长达 156 年的统治宣告结束。而中国政府将以一种非常特殊的方式维持香港的发展。

香港回归的背景

1981 年，英国通过国家法案，分别给予富兰克群岛和直布罗陀两个殖民地的居民在英国居住的权利，但是没有给香港人同样的权利。在紧接的 12 月份，首相玛格丽特·撒切尔夫人带着“富兰克岛之战”胜利的喜悦来到北京，讨论香港回归问题，但会议并没有达成什么共识，反而加剧了两国关系的紧张。结果使香港处于一个非常尴尬的时期。

中英联合声明

两年后，英国首相撒切尔夫人再次来到北京，这次取得了实质性的进展，根据中英1984年9月26日的共同声明，同意将香港主权于1997年7月移交中国政府。但是，香港的经济、社会系统，立法、教育等相关结构体制至少保持50年不变。也就意味着

香港政权交接仪式

邓小平会见撒切尔蜡像

起码到2047年，香港会一直保持原有的社会制度，与中国内地采用的完全不同，简称“一国两制”。声明规定：香港特别行政区拥有自己的政府，保持原有的行政体系，保留行政长官，高度自治。基本法还规定税收自治，由香港政府支配，并由港人制定金融和货币政策，有自己的货币流通机制。中国的军队将驻扎在香港，但不会干预香港法范围内的国际事务。

基本法和全国人民代表大会

在联合声明里注明：香港基本法是由中华人民共和国全国人民代表大会审议通过的，也希望其能尽快实施。其实，《香港基本法》的一些章程在1990年4月就已经制定，证明从那时起，香港的权益就由法律保护。

中英双方的联络组一直按部就班地讨论移交过程。他们先后多次在北京、香港、伦敦进行讨论。当然在此过程中也有一些问题出现，但总体来说都一一克服了，移交过程顺利推进。

民主进程中的问题

在基本法完成时，所有立法会的成员都已经确定。第一次选举是在1991年，当时60个委员中17个人组成公务小组。其中21个是功能性选举委员，从活跃在各个阶层、行业的专业人士中选出来。其他官方委员由港督任命。

1992 年 7 月，彭定康(Christopher Francis Patten)首任内阁大臣，在议会选举中失利。作为港督，他是一个有争议的政治家，也是一位非常出色的中国通。他准备在香港回归前 5 年对香港进行一系列的所谓改革，而且不顾中方政府的意见，执意推进改革。

1995 年，尽管中方坚决反对，但立法会仍通过了相关一系列法案。最终，这些决议在 1997 年 7 月 1 日被临时委员会更改。

主权移交的过程

1996 年的临时委员会由 94 个香港委员与 56 个内地委员组成，他们负责筹备香港回归后的事宜。他们组建了临时立法委员会，并推举出香港特别行政区长官。许多重新树立形象的工作开始推广。例如，香港已经没有港督，取而代之的是最高行政长官。香港已经从殖民地的形象中慢慢走出来了。

正当人们都在推测香港特首的最终人选时，董建华，这位世界知名的船业巨头由重要的团体商会和公众共同选举出来。他熟练掌握广东话、普通话、上海话和英语。人们对他充满信心。

香港主权回归中国政府

从 1997 年 6 月中旬开始，香港就成为所有知名媒体的焦点，人们的目光不约而同地聚集在香港国际会展中心，回归盛典即将在这里举行。庆典为三天，6 月 30 日的活动主要由英方举行，7 月 1 日、2 日两天的庆典则由香港特别行政区政府主持，内地方面也欣喜万分。可以说，在回归的时刻，那种兴奋感传染到全球。当经历了一场小雨后，中国人民解放军在黎明前进驻香港，他们受到许多市民的欢迎。随后，董建华宣誓就职。庆祝内容还包括一场迎回归交响音乐会和烟火表演。自此开始，每逢回归纪念日都有两天公共假日。

香港特别行政区区旗

董建华任期结束

2002 年，董建华连任香港特别行政区行政长官，但是他却面临着执政期间越来越艰难的状况。

最终，董建华在 2005 年 3 月 10 日辞职，辞职原因是他的健康问题和年龄问题，据他当时的解释称，他已经不能承受从早上7点到晚上11点，每星期7天日复一日的工作。

3月12日，他的辞职申请被中央人民政府接受。根据基本法第五十三条规定，如果特首申请辞职，政务司司长将承担特首的工作，继续履行特首的职责，最长可达6个月。根据上述法案，政务司司长唐纳德（Donald，即曾荫权）接替特首的工作。

新纪元

2005年5月25日，曾荫权辞去政务司司长一职，接任特首。他有丰富的经验、很高的威信，曾获得社会的普遍支持，包括民主推进组织，还获得了很多商业资助。

曾荫权在2005年6月15日以800票内714票的高票数获选行政长官一职。随后统计人员宣布，曾荫权是唯一获得足够票数的候选人。

2005年6月21日，曾荫权正式被全国人民代表大会任命为香港特别行政区新一任行政长官。

2007年3月25日，曾荫权以高票当选第三届行政长官人选。国务院总理温家宝4月2日签署国务院第490号令，任命曾荫权为中华人民共和国香港特别行政区第三任行政长官，于2007年7月1日就职。

2012年3月25日，香港特别行政区第四届行政长官选举首轮投票结果揭晓，梁振英以689票胜出，当选香港特别行政区第四届行政长官人选。

香港风光

沙嗲
Satay King
沙嗲王
THE SPAGHETTI HOUSE
金湖粉麵茶餐廳
GOLDEN LAKE RESTAURANT
VIP STATION
嘉祥珠寶公司
CHIA SHYANG JEWELLERY CO
HENDERSON
ROSEWOOD FURNITURE & CHEST
Pasta & Pizza
歡迎您光臨
Welcome to
人民币找换
am 上午 7
midnight 午夜 12

香港街景

第三章

香港人

“人只见自己想见的人。”

——拉尔夫·瓦尔多·爱默生

在人们共同迎来21世纪的时候，香港可以说已经是一个多种族共同融合的城市。为什么这么讲呢？因为在20世纪80年代中期的时候有人这样分析过香港的人口组成，香港是由中国人和外国人两部分组成的。中国人就不用讲了，读者应该都了解，但将外国人分为一大部分就值得推敲了。首先这说明不同的种族并没有很好地融合，大家仅仅是共同存在。而外国人之间也有自己很明确的划分，最简单的就是国籍的区别，称呼起来都是什么印度人、葡萄牙人、欧洲人、以色列人……如果将单位区分得更清晰，人们可以将自己的群体归纳为英国的买办团、美国的商人联盟、英国的管家联合会、德国的手工艺团体、日本的白领阶层等。你可能会好奇怎么分得这么细？这一点都不奇怪，连中国团体间都划分明确，什么上海的纺织业联盟、宁波的船业协会、涿州的小商品批发协会等。人们根据自己不同的身份把自己安插在不同的团体，相互间交流很少。这也难怪，全世界五湖四海各个地方的人会聚在一起，语言文化的差异使大家很快地融合在一起确实不太容易！

然而接近20世纪时，这种隔阂就好得多了。社会在进步，人们的交流也更加广泛，首先，从人权平等上，英国统治者的特权地位在逐渐消退，许多本土的香港人也逐渐参与到高层管理中来。其次，香港新生本土的居民许多都到国外深造学习过，意识更加国际化，更加开放，语言的隔阂几乎没有。这种种的改变都将人与人之间、团体与团体之间、国籍与国籍之间的距离大大拉近了。试想一下曾经传统的家族企业，他们家族中的新生力量从国外接受了全新的教育回到自己的家族、自己的公司并担当着重要的角色。他们的管理风格融合了传统与国际化，使得这个庞大企业的风貌和文化也受到了极大的冲击。虽然改变不会从根部颠覆，但至少将差异融合再造。

香港特性

什么是香港的标志？一旦提到就立刻让人过目不忘。曾经有这样一段情节可以说明香港人非常在乎对自己特性的追求。香港英语十分普及，有人就提出，如何用英文称呼香港人？是用“Hong Kongers”，还是“Hong Kongese”。这个问题一提出就引起了强烈的争论，当然大家是各有看法互不相让。而在我看来这两种叫法都不怎么顺耳贴切。不像一说德国人就知道英文是“Germans”，一说纽约人就知道是“New Yorkers”，一说格拉斯哥人就知道“Glaswegians”，那么自然清晰。还有一种常用的称呼，也不正规，来自中国内地的叫法“Hong Kong Person”，中国内地的习惯叫法都是在地区的后面加上一个“Person”，但这种称呼也不正规，使用率也极低，许多外语类国家的人听见了也不知道在说香港人。我想这个事情多少说明一个问题就是，香港人属于自己十分明确的信息并不清晰。

直到1997年，香港特别行政区成立，特区政府正式开始在香港普及普通话教育。除了少数一些学校由香港教育局批准仍保持原教育方式，许多学校已经陆续改制。当然，时至今日还有许多不同意见在争论教育的基本语言是什么，但这种逐渐提升的自我、中立的思维方式，我想将成为香港人最明确的标志。

商业发展与城市建设之初

从一开始，香港就充当着金融中心、城市联络线的角色。因为是英国的殖民地，所以起初占金融主导地位的机构都是英系的。其实在埃洛特带领着英军攻陷香港、英国正式统治之前，香港聚集的外商更多，中国本土的、英国的、美国的、丹麦的、法国的、德国的、葡萄牙的、以色列的、孟买的……人们的职业也五花八门，银行家、拍卖师、杂货商、用人、苦力、水手、编辑……几乎世界上所有国家商人的脚步似乎都踏上过这里，至今他们的后代还生活在这里，他们现在说不定和你没有分别，嘴里讲着熟练的英语或广东话，同你一样追逐着潮流，我们很难再看得出他们祖籍来自

早期的中国香港邮票

香港的荃湾与客家文化

荃湾是香港政府建立的第一个“新市镇”，乘公车或环铁都很容易到达。那里有著名的荃湾大会堂、三栋屋博物馆、悦来酒店、米埔湿地、赤鱲角机场、迪士尼乐园。今天荃湾在香港的知名度要比一些大城市都响亮。

在20世纪70年代的时候，荃湾集中着许多客家人的村庄，他们主要靠丝绸加工与面粉加工为生。在自来水引进之前村庄的供水都靠打井。攀登者可以在这里攀登香港最高的山——大帽山，途中你将会看到一台台水力研磨面粉机和许多制作香火的木材。

在1898年英国统治者管辖时，约有3000户居民进住到荃湾的26个村庄，那时每个村庄的人数都在百人上下，居民的祖籍既有广东的，也有客家的。

客家人是在明朝时期移民到广东地带的，他们之所以被称为客家人，重点体现在一个“客”字。由于语言的障碍和经济的落后，他们很难融入本土的广东群体，于是就纷纷自己建立村庄独立生活。在中国历史上，客家人写下浓浓的一笔是在19世纪50年代，那时爆发了著名的“太平天国起义”，早期的主要发起者与参与者都是客家的农民，随着起义规模的增加，其他民族的农民也纷纷加入，最终差点推翻清王朝。

1864年“太平天国起义”被镇压，大量客家的原住民移居香港，但当时他们并不居住在荃湾。当时他们主要分布在香港的西部巴色会密集的地方，而西部的发展与客家人的建设是分不开的。这时还涌现出大量成功商人，李清考就是当时最著名的一位，他1885去世时留下的家产约400美元，相当于那时村落的生产总值。他与他的妻子都是基督教的信奉者，这是众多客家人的宗教信仰，至今在新界还有许多客家人信教重教的遗迹。

人类学家一直认为，客家文化与广东文化之所以有许多本质的区别，不仅仅是民族本源问题，

今日香港荃湾

还与语言不通有直接关系。客家人进入广东一直聚居在广东的边缘地带，与广东本地人几乎不接触交流，更不用说通婚了，那是绝对禁止的。但这种习惯在香港没有被严格遵守，一些居住在荃湾的老客家人还曾跟我说过，当年村里人还买过广东新娘呢。

随着客家人在荃湾生活时间的加长，他们修建的村落也逐具规模，像大型村屋、庙宇、阅览室、图书馆、学校等设施一应俱全。三栋屋就是一个典型的传统客家村庄，虽然那里的老居民已经逐渐迁往其他新村，但村里著名的三栋屋博物馆被完好地保留下来，博物馆里甚至还保留着殖民地以前古老村落的风貌。

三栋屋两个世纪以前是一个单姓村落，村民之间互相通婚，不接纳外姓人，房屋都是毗邻修建的，修建之初都请村里长者指点，以确保获得好风水。村民自己种水稻、蔬菜，他们浇灌原始的粪肥，除了耕作外村民还圈养狗和猪。

房屋都是泥质的，且没有窗户，白天屋内的照明依靠门口射入的日光，晚上则依靠油灯取亮。屋里有少许家具，如三角桌、板凳、床架和橱柜等，水都是从屋外打回来存在水缸内。每个村落都修建祭坛和庙宇，以供奉他们的祖先和神仙，这是许多中国南方村落共有的特点。也许在今天这样一个现代化的生活空间里，你很难再想象当时人们面对的简陋环境。但是从老人说过的一句老话里可以多少了解一些："你想变得富有吗？那你就去'金山'（美国）吧。你想自杀吗？那就去荃湾吧。"

何方，只是知道他们都是香港这个多种族多文化家族里的一员。

香港非华裔居民

自从1517年葡萄牙探险家、航海家瓦斯科·达·伽马来到中国，葡萄牙的商船就登上了中国的领土。他们首先在澳门建立了自己的根据地，直至1849年才正式在香港落脚。除了葡萄牙人以外，起初在香港的欧洲人数量并不大。根据1845年的统计，当时24 157名香港人中只有634名是欧洲人。他们大多不会在香港逗留很长时间，一般都是以最快的速度赚完钱就返回本国了，为什么会这样？因为他们惧

香港街头的外国人

怕亚热带的致命疾病如疟疾、霍乱、天花、痢疾、瘟疫，这些恐怖的疾病甚至曾让英国统治者有过放弃香港的念头。1845 年，在香港欢乐谷设立的殖民地墓地，仅仅在 21 个月的时间里就安葬了 257 人（相当一个团的数量），其中还包括将军 D. Aguilar。

香港的犹太教徒和波斯印度教徒

在香港最早的移民者中，大部分在萨森（Sassons）庇护下的商人是来自巴格达的西班牙籍的犹太人和印度籍的波斯人。19 世纪在广东和香港的西班牙籍犹太人是通过印度来到香港的；这些波斯人，多为索罗亚斯德教教徒，他们原先都来自波斯，后来广为分布在孟买。他们来到香港与印度和中国的鸦片交易有关。这些第一次造访香港的商人的后裔扎根于香港都市里，后来慢慢发展成国际知名的大富商，其中包括庇理罗士（Belilios）、嘉道理（Keldooriee）、摩西（Moses）、估倍（Gubbay）、律敦治（Ruttonjee）、公地（Mody）、罗斯托治（Rustornjee）。这些商人有一个特点，族群意识强烈，大部分合作都是内部消化的。最初他们主要经营棉花贸易，开设杂货铺，后来也走私鸦片。最终，他们的生意扩大到房地产业、银行业、航运业、仓储业、保险业、酒店业、公共事业和一些重型工业，辐射范围包括香港、上海与孟买。可以说无论在当地还是在世界商业舞台上他们都获得了巨大的成功。其中，犹太团体中的劳德·嘉道理[Lord Kadoorie（Lawrence Kadoorie）]更是成为第一个英国国会上议院的犹太人。

美丽的印度姑娘

香港的印度人

从一开始，印度的团体在香港就有很大的影响力，这是因为中国与印度的通商可以追溯到很久以前，这条通道是因为佛教的传播被打开的。当时，首先传入中国的是一些佛教的画像和其分支机构，而在近代，中印贸易大幅度的增加还是在 19 世纪 20 年代的时候。一些商人渐渐组成有组织的团体，向广东贩卖鸦片。这些印度商人最初都是服务于东印度公司，后来随着商贸的日益繁荣，他们开始成立自己的公司和企业。从最初的鸦片和棉花走私到后来的日用百货。经过多年经营，越来越多的印度人和穆斯林人加入这个经营团队，这些商人后裔的国籍在香港英属殖民地期间，既不属于印度也不属于巴基斯坦。现在，他们的国籍被归为英国。

在香港的印度人中还有一部分是信仰锡克教的，他们都是香港以前的军警，即管理在印度的商业团体，但事实上170年前，踏入香港的最大印度团体就是锡克教人。

正如刚刚讲到的，香港的第一批锡克教人是随英国军队来的，并且为英国军队服务，随后，他们又为香港警察服务。随着对当地环境的熟悉，其中一

香港圣约翰教堂局部

在香港的锡克教人，有的在酒店做门童

些人与香港本地女子结婚，他们的后裔逐渐融入香港社会，成为地地道道的香港人。只要不知道他们保留的印度姓氏，你根本分辨不出他们有外籍血统。或许因为他们有为法律部门工作的经历，所以他们一般不会受香港犯罪集团的教唆去抢劫、勒索他们的老板和富人。这些锡克教人看上去高大威猛，时至今日，他们还常常受雇于一些珠宝行或财团作为看护或保镖。一些在酒店做门童的锡克教人，还会头系传统长头巾，身着艳丽民族服装为客人引路。不能否认，在香港的南亚企业无论现在还是将来都是香港商界非常有实力的组成部分。

国际婚姻

香港的国际婚姻大多是由来自欧亚的家庭组成的，而这些欧亚组合在香港起到非常重要的作用。他们多数都充当香港本土商业巨头与殖民地富豪之间的买办，即中间人。这些人中最出名的人物要属罗伯特·洪桐（Robert Hotung）。并非所有这类家庭都非常富有，但他们的确都起着至关重要的作用。

总体上来讲，这种家庭的出现是在19世纪。开始是一些非中国籍居民找一位中国妇女作为伴侣，但这种关系是保密的，他们不会将自己的女伴介绍给其他人甚至是朋友，当这些男士与他们的中国籍女友合法结合后，问题就出现了，而且越来越多。

近些年，香港中国家庭里的子女中，有些在出国后也有娶（嫁）外籍人士的。他们再组建的家庭就更为复杂。不再单纯是欧亚家庭，还有美亚家庭等。他们再生育的孩子在不同的地方被抚养、受教育，所以，多数都会两种语言。

这种国际婚姻，无论是生活在妻子一方，还是生活在一个中立的环境，都有比较好的发展。在香港就有许多成功的婚姻范例。只要结合的双方思想成熟，适应力强，就会为自己创造很多便利条件。我认识的一个英国妻子与她的中国公婆住在一起，她在抚养孩子的同时还学习广东话，这对她非常有帮助，这样她就有能力用两种语言教育孩子，很好地维护着她的家庭和谐，而且也很好地融入香港文化之中。

另外的一些跨国婚姻则是通过折中的办法来维系和谐。法国妻子和中国丈夫同丈夫的母亲共享星期天，而丈夫陪妻子、孩子们去教堂做礼拜和吃午饭。而午后，中国

中国大部分的方言有一个特点，无论发音有什么不同，写法和语法都几乎相同。

丈夫会陪他母亲去戏院看戏，而并不要求他的妻子一块儿陪伴他们。只要中国婆婆不过分要求，外国儿媳明白事理，懂得礼貌，这种和谐关系会一直很好地维系。

其实香港的文化对国际婚姻组合是一个非常好的促进，特别是其中一方为本地人。这种婚姻组合会很快被这个环境接受，他们在迅速适应这个环境的同时，他们的孩子也受到双语教育。当然，不同的组合会有许多麻烦，例如妻子的年纪比丈夫小很多，或者妻子离过婚。这些问题不单单是不同的文化背景所决定的，比如家庭经济问题，又如需要抚养配偶在以前婚姻中所生育的子女，这些多少会给婚姻带来障碍。

香港的中国人

众所周知，香港的文化背景是中国文化，60%的人出生在香港，其中34%来自中国内地。最早来香港的移民多来自中国广东省，所以，香港的整体基调是广东味的。就广东省内部，还有一些客家人和潮州的居民，他们讲的方言又自成一派，就是相距不太远的省内其他地方的人都很难听得懂。

香港的文化底蕴也属于广东。目前街面上香港话的基础就是广东话，但是又有许多英语被广泛应用在日常工作中。在华人社团内，更多的是使用广东话，又称粤语。现在，普通话的使用也越来越广泛。

在很多自动语言答录系统里，主要使用语言为广东话、普通话、英语。而一些主要的种族，如印度锡克教人，他们除了在传统的宗教活动中使用本民族语言外，日常生活都使用英语，偶尔也会讲粤语。整体来讲，在香港可以熟练地使用粤语对你会有很多帮助。

维多利亚公园里的小提琴手

你是否觉得香港人与中国内地人和中国台湾人

香港黄大仙祠道士

相比更加西方化？如果是这样认为，是不是因为他们被英国统治的长达160多年的历史呢？香港人的生活里随处可见西方或日本的日常用品，他们很习惯这种生活方式，但这种方式并不被中国台湾或中国内地人所接受。香港人的居住设施安全性非常高，使用了很多现代化的保安装置，他们的现代化进程在很多方面甚至超过了许多西方发达国家。他们非常容易接受新鲜事物，给人的感觉早已大大有别于鸦片战争时的景象。在现代化的表面下，他们骨子里还是保存着不变的中国儒家道德观念。

香港的主要宗教

由于香港是一个多元文化并存的社会，因此，主流与非主流的宗教同时存在也就不足为奇了。

儒家思想

从严格意义上讲，孔子学说不能算是宗教，因为它并没有将人神话，也没有受到神圣的礼拜。孔子学说没有讨论关于人死后的世界和如何拯救生命，它只是一种人文主义的哲学体系，体现出一种行为哲理。孔子出生于公元前551年，是一位德高望重的学者，他从未被当做神看待。作为一套系统的道德原理，他透露出中华思想精髓；作为政治哲学，他主宰了帝国的千秋大业。

香港的道教和佛教

道教，它的起源也不是宗教，可以说是一种归隐的哲学。它讲究万事万物回归自然，顺其自然。在战乱纷飞的年代，这种哲学给主张以严苛政治管理为基础的儒家学说和法家学说一种全新的建议。后来，随着传统文化里的神和一些古人出现在道家学说里，才逐渐将道家向宗教转变。

中国素食主义

中国的佛教宣扬因果轮回，提倡不杀生而吃素食。僧人和尼姑与众多信众都是纯素食主义者，还有大部分信徒是象征性素食主义者。

象征性素食主义者，只在每年的第一天和最后一天，以及每月的十五和月末几天吃素，其他时候都是可以吃荤的。然而有一点我觉得十分有趣，尽管这些人不怎么吃肉，但他们给自己吃的素斋起了许多带肉的名字，如素猪肉、素鹅、素鱼翅等。

道教的一些特殊仪式具有浓烈的宗教色彩。例如：在葬礼上举行驱魂法事。历史传说中也有很多道教的体现，例如八仙的故事。这八个人，七男一女。他们被虚幻出具有超人的能力和法术。有关他们的许多传说甚至出现在中国古典艺术里。

佛教，是中国拥有信众人数最多的宗教。佛教宣扬的概念是众生应有好生之德。在大乘佛教里，教义并没有否定世界上一切事物和责任，而是更多地主张接受生活中的苦痛，即修行的概念。这种主张被古代帝王利用，便于其统治。佛教的信奉者不需要颠覆自己的文化，所以经过很长时间，佛教仍然在不同地域传承，在香港同样也非常兴盛。

佛教与道教的信徒不会在同一时间里举办大型宗教活动，根据习惯，僧人有时会带领所有信众一起诵读经法。多数信众更喜欢独自理佛或研习道法。他们跪在寺院或家里的神坛前，手拿佛珠念诵佛经，或者祈福祷告。当在香港繁华的现代都市里乍一看到身穿传统宗教服装的信徒时，会感到很不协调。但当你进入寺院看到他们全心投入地进行法事时，就会明白他们的确不是在表演。所以切记这时千万不要轻率地、无

庙宇中的香客每日络绎不绝

香港的宗教场所很多

香港许多庙宇的建设几乎都称得上是建筑类的经典，包含了大量艺术成就。所以许多寺院不仅仅只供信奉者参拜，也吸纳众多游客游览参观。

所顾忌地从信徒和祭坛之间穿行，这样做很不礼貌。这情形类似于在基督教的礼拜会随意游走在虔诚祈祷的信徒们的座位间也是不合适的一样。

香港道教和佛教的庙宇

在香港，佛教的寺院被称为“庙”或者“寺”，道教的被称为“观”。你会惊讶于街上随处可见的宗教类标志和形象，不知有多少祭坛被摆放在商铺里或家里。很难想象，仅仅香港，算上殖民地之前就有400多个佛教、道教的寺院分布在不同地方。

在中国的寺院里，虽然在供桌上摆放的是几个泥像或者木雕像，但这些雕像代表的是一种精神，一种被敬仰的文化。另外寺院里还有一些很特别的东西，就是牌位。这些牌位是木质的，木牌上刻着自己祖先的姓名。在一些原住民的地区，当地人还会将这种牌位放在一个专门供奉祖先的厅堂，以供后人拜祭。

青松观位于香港新界的西北山顶上，1949年建成。它是为了祭拜八仙之一的吕洞宾。观中设有他和他两个随从的雕像。据传在他经历了10次诱惑考验后，八仙中的第一位成仙者传授法术给他，后来他又勇闯冥界，最终才有资格成为八仙中的正式成员。

道教的《道德经》与基督教《圣经》中的《旧约》意思很相像，他们认定人类的思想是博大的，很难渗透。其实香港在20世纪以前就开始修建吕洞宾的祠堂，它们真正值得称耀的是每一座观都像是一座图书馆，有着深厚的历史积淀。这些地方养着许多盆栽，很多都堪称精品。

黄大仙祠三圣堂

1973年修建的九龙黄大仙祠坐落在老的黄大仙寺旁边，从香港人种种的宗教信仰追求可以看出，香港人并没有因为现代化的脚步越来越快和对挣钱的热衷而减少对宗教信仰的追求。九龙市区里贫富差距十分大，这里也是佛教、道教信徒比较集中的地方，最出名的是道教的黄大仙。黄大仙是浙江省人，一直研习如何制作长生

香港黄大仙祠里总是人声鼎沸

不老药，所以后来被冠以大仙的称号。他也被视为非常优秀的医生，在这里向他求问关于旦夕祸福的事情就如同买保险一样，因此这里总是人声鼎沸。

在祠外，有许多商铺与卜卦台生意红火，香港人对占卜深信不疑。就算是身在国外，也要请自己的亲戚去卜卦台为自己求一卦，更不用说平时有什么大事都要去那里求平安。比如结婚、生子、给孩子起名字都会非常小心地来到这里讨教，十分虔诚。现在的占卜台也使用了现代化的设备便于交流，例如收录机、VCD 机等。

香港的文武庙建于好莱坞路，它是英国占领香港后修建的第一座庙，庙里供奉的是文武之神，在庙内还同时供奉着观音。人们祈求观音保佑他们家里人丁兴旺，多生育男丁以继承家中香火。

海龙王或天后

许多人以捕鱼为生，他们将守护神称为“天后”，这个神甚至被中国沿海的所有渔民所信奉敬仰。香港或许可以找到 20 多座供奉天后娘娘的庙，虽然有些庙的规模比较小，但是对香港这个海岸城市来说，天后娘娘的庙是很受重视的，而且规模相对较大。

大型的天后庙在香港仔、浅水湾、油麻地和大庙湾，虽然有的地方并不靠水，还有许多现代化建筑，但一到某些特定的日期，例如天后娘娘的诞辰，渔民、船员都会蜂拥到这里，热热闹闹地为她庆祝，其场面极其宏大。

基督教在香港

在中国推广基督教的难度是可想而知的。一些先来的传教士天真地想除去人们意识里固有的对神的认识，这是不可能的，因为一神论的印象已经在人们的意识中存在

罗马天主教堂

香港第一个罗马天主教会成立于 1841 年，今天的天主教主教区每周日举办活动，用粤语、国语、英语、法语、韩语、德语、日语、意大利语和菲律宾语为 90 多个分教区、超过 24 万信众提供多达 99 种服务。现任主教陈日君出生于中国大陆，是一名政治及社会活动家。

几千年了。中国人只信奉自己的神，而且认为命运天定，这种观念根深蒂固、世代传承，所以试想让他们重新崇拜那些金发碧眼与自己讲着截然不同语言的奇怪的神，有谁会相信呢？明清时代来到中国的传教士多为西方先进技术的传播者，虽然他们在历法、天文、火器制造方面很有造诣，却无法改变中国人的信仰。鸦片战争之后，天主教的新教徒又开始在中国传教并吸收教徒，但由于当时的中国正处在历史动荡时期，因此传教效果并不十分明显。

新教徒最早活跃在广东地区，于 1841 年进入香港，并得到了迅速的发展。如今在香港，基督教指的都是新教体系的。新教目前在香港拥有的教区大约有 1400 多个，其中包含派系约 50 多个，信众多达 32 万人。

新的礼拜堂是位于薄扶林的伯达尼教堂。该教堂是由英国圣约翰大教堂资助，在 19 世纪法国修道士疗养院的遗址上重建的，现为香港表演艺术学院薄扶林校区的一部分。

新教在香港有着广泛的群众基础，所以每年加入教会的成员人数庞大。想找到适合自己的教会组织或教堂也十分便利。那里的工作人员或教徒都会友好热情地为你服务。由于教会活动的本土化，建议新加入的教徒掌握一些粤语，但也有专门为中国内地，以及菲律宾和韩国等地教徒提供服务的机构。这里也希望广大教友注意，尽管香港新

香港的天主教堂

香港黄大仙祠

共襄善舉
東華三院「勸善亭」移交嗇色園記
嗇色園 主席 李耀輝 暨 董事會全體仝人
東華三院主席 李三元 暨 董事局全體仝人 謹識
公元二零零九年九月

九龙黄大仙祠的石碑

教派系众多，但不是包罗万象的。如果有特殊的宗教要求，可以向专业的基督教堂工作人员请教，希望他们能给你周到的帮助。

其他宗教

香港的巴哈伊教

在香港早期从北亚和西亚进来的移民中有巴哈伊教的教徒，到 19 世纪中期才有了教会组织。目前香港的巴哈伊教大约有 20 多个组织，数量虽然不多，但却很活跃。他们推动一些跨区域项目以此来提升亚洲其他国家的社会和经济条件。

香港的伊斯兰教

香港的伊斯兰教徒大约有 8 万人，其中大半是中国人，剩下的大都来自东北亚及中东地区，如印度、巴基斯坦以及东非、西亚。目前香港有四座清真寺，两个穆斯林墓地。最早的清真寺位于港岛雪利街，乘坐苏荷区的自动扶梯就可以到达。最醒目的清真寺是九龙清真寺和位于九龙公园的伊斯兰中心。

香港的印度教

据 2006 年的数据统计，印度教教徒达 4 万余人。出生在此地的印度教徒会说粤语和英语，他们把位于欢乐谷的教堂作为教会中心的礼拜堂。

锡克男人跳邦拉舞

教育的重要性

从理论上讲，中国自古就崇尚“书中自有黄金屋”的信条。凡是在官场上出人头地的人，都是先经过一系列考试择优选拔出来的。他们在整个选拔过程中完全凭借自己的实力，中第与否和考生的家庭背景没有关系，整个科考制度公平严谨。这种民主的选拔制度沿用至现代。可见教育对每个人、对社会、对整个国家的重要性。

尽管香港是比较纯粹的唯利主义社会，但人们对教育却很重视，也舍得投入。这里的生意人会竭尽所能将孩子送到知名学府深造，让他们接受最好的教育。这么做的另一个考虑是：让孩子身处一个高层次的团体里，与在各方面都出类拔萃的同伴交朋友，建立良好的人际关系网，为日后进入社会打下良好的基础（不可否认，能进入这样团体的成员都是来自有社会影响力的家庭，不论过去还是将来）。

若想更进一步深造，孩子们还可以选择到海外留学，最受留学生青睐的国家有美国、加拿大、澳大利亚等。也许这种跨国求学有移民倾向，但同时也使香港的国际气息更加浓厚。还有一个趋势是，当今的香港社会比较认可美国学府的文凭，这种趋势也刺激了更多的人趋向于去美国求学。

根据纽约国际教育协会的统计，1960 年初，在美国学习的香港学生不到 800 人；1964—1965 年间，数量增长到 3279 人；1989—1990 年，人数上升到 11 230 人；1990—1991 年，12 603 人；1991—1992 年为 13 190 人。根据 2001 年香港政府的统计，那年在美国学习的香港留学生人数为 5826 人，澳大利亚为 6498 人，加拿大为 2301

香港大学本部大楼

香港会考后的学生

人（1996 年，在英国的香港留学生为 2506 人）。这些数据还不包括那些陆续移民到各个国家的人数。

虽然香港有七家大学，三家第三类院校，每年颁发不同的学位证书，但留学的浪潮仍旧势不可当。原因在于，第一，寻求高学历以面对越来越激烈的社会竞争。第二，完善自身的生活品质。第三，香港由于其特殊的社会地位，成了便捷留学通道上的一环。

传统与迷信

从第一个移民者的脚步踏上香港这片土地起，香港就开始了它发生巨变的新征程。来自世界各地的新移民带来了他们母国的各色文化，从生活习惯、文化传统到宗教信仰，从此塑造了具有香港特色的文化。多元文化元素在这片新地区上生根蔓延，又随着时间的流逝变迁或汇集，还有一些已永久地消逝。经过历史的沉淀，香港现在的主流文化还是源自中国的南方。

香港人会在许多传统节日上花大量精力庆祝，如中国传统的农历春节、西方的圣诞节。这两个重要的节日是经过时间的洗涤沉淀下来的，现在是香港人最重要的节日。还有其他的来自异域的节日，如印度的兴都教光节、犹太历新年。这些节日也同时被不同的团体庆祝。

风水说

在香港，风水的观念深入人心，它的内容以占卜、预言为主，被香港人普遍接受并广泛使用。现在的香港人无论年龄、性别、国籍、文化背景，都会在做重要决定之前求助于“风水”。

比如在香港开展任何类型的土木工程之前，都首先需要聘请风水先生占卜一二，

风水的由来

作为一个高度抽象的预言系统，风水这种概念源于《易经》里的某些理论。《易经》是中国古代最具影响力的五部书籍之一，到目前学术界还在争论它的创作时间，但有一点可以确认，它经历了不同时期，是被逐渐编撰完成的。目前已经被翻译成多种语言全世界发行，英文本叫《占卜之书》，有意者可以购买、查询。古时占卜，人们用做了标记的龟壳作为工具，通过抛投的结果预测将来。后来慢慢发展到用植物的茎作为工具。占卜时，人们将这些长短不一的枝条摆放成八组，每组搭配不同的三支，通过组与组之间的组合预测结果。最终发展到今天的形式，八组不同的图案被规矩地摆成八角形，占卜师根据图案之间无机的组合判断结果。这个八角形图案如今经常出现在亚洲许多国家，说不定不久前你刚刚看到呢！

包括房子的建造、拆迁或者改造。风水先生会给出方方面面的建议，详细到房子的范围、方位、门窗的朝向、大件家具的摆放。房子建成后还会再请风水先生重新审视，调整布局，以满足使用者的要求。现在的香港社会，要想取得被公认的成功就一定要征询风水先生的指导，由此可以想象占卜风水在香港的社会生活中是多么的重要。此外，对故去的亲人如何安葬也需要完全听从风水先生的意见，因为他们相信为故人选择一块风水宝地安置会保佑家族中的子孙后代平平安安，甚至影响他们的婚姻和事业。

年轻人也要烧上三炷香

如今我们能够看到的风水先生在占卜时依靠的主要工具是罗盘，他们做出的指示取决于罗盘在不同环境下显示的不同结果，然后给出其认为最好的对策。他们的另一个占卜工具是《易经》。此书是一本有着千年历史、内涵深远的中华古典著作，它是成为一个风水先生的必修功课。

《易经》的主要解释里包括“阴、阳”两个基本概念，根据它的概念，“阴、阳”组合创造了万事万物。“阴”代表宇宙中一切被动、消极、柔弱、雌性的事物。“阳”代表宇宙中一切积极、进取、激进、雄性的事物。两种完全极端概念的无机组合就是自然万物的根本。

道教的太极符

在基督教出现前的300多年里，道教就已经开始用“阴、阳”的概念解释世界真谛了。“风水”主要关注的是如何维持事物均衡与平和，这正是借鉴《易经》里均合的概念。但“风水”不涉及创造事物的能力。而在香港风水先生收费的标准，主要不是根据资历界定的，是根据他们租用场地的费用决定的。

“风水”已经渗入到香港人的血液里了，方方面面都得咨询风水先生。如选房、挑楼得听风水先生推荐最佳的位置，最佳位置首先得气势稳定，清新平和，再加细节布阵以保家人无忧，万事顺利。1898年，新界刚刚开辟之初，各村各庄均请风水先生掐算布阵，就连英国殖民政府都不得不邀请风水先生指点江山。香港人别看已经被英国政府欧式地统治了若干年，态度务实，但一旦涉及“风水”内容就立刻俯首帖耳。

其实风水在没有融入道教思想之前更像是一种迷信习惯，占卜师多以占卜蛊惑为营生。早期的占卜师最爱宣扬的一句话就是:“香港处处是龙，实乃一片福地也。”

香港“九龙”名字的由来（字面的意思是9条龙）起源于本地的8座山，传说每座大山都住着一条龙，共8条龙。某日一位皇帝游历至此，听说此地8龙聚集，便想自己贵为天子，为天龙化身，那此刻不就是9龙齐聚,故将此地命名为“九龙”。

据风水先生说港岛那边的花园道是一条面向大海巨龙的脊背，风水颇好。当中国银行决定在这里修建大厦的时候，许多香港人都有情绪，他们认为大厦建在龙头上了，压住了气势。其实许多重点建筑的修葺都是一波三折，就连政府大楼都修改

九龙造型

建筑施工图好多回，目的就是图个好风水。

也许你根本不相信什么“风水”学说，也不屑听见他人谈论，那也请你牢牢记住，你现在身在香港，自己不喜欢可以，但别干涉别人，更别触别人的霉头。

香港人认为好运就代表着自己兴旺发达，所以合理安排好住房与办公室的风水密切关系着自己财富的多少。中国人普遍认为，居室的位置应该是背靠大山面冲海，但这种条件在繁华都市难以实现，于是人们就在家里摆鱼缸或修筑养鱼池，寓意水的存在。他们还相信鱼是可以辟邪的灵物且多多益善。另外每个屋子都有自己的“旺财角”，外人很容易辨认，因为那里摆放着许多茂盛的植物。暂且不在乎“旺财角”的位置，单单是在屋里摆放许多绿色植物就是值得提倡的，一派生机盎然的景象。镜子也是室内必不可少的镇宅之物，用以辟邪驱鬼。选用的镜子都是圆形的，按风水先生用罗盘测算过的位置摆放，以保证获得最佳效果。

屏风一般都放在大门口，作用跟我们使用的防盗门一样：只不过一个用于防活人：盗贼；一个用于防死人：鬼魂。

香港的坟场在歌连臣角，那里放骨灰的主要是骨灰墙。每面墙上都有 2 万个隔断，每个隔断内能容纳2个骨灰盒。骨灰墙多为八角形组合，就连墙上的窗户都是八角形的。

幸运符号与幸运数字

在中文里有许多同音词，汉语拼音方案采用 26 个英文字母，但汉语组成的音节多达 214 个。在英文里有许多同音不同义的单词，而在中文里这种同音异义的现象更是多得多，还有许多同音不同调的更加复杂。原北京语言大学校长、国际汉语学习联盟主席吕必松先生就曾总结过，中文里光同音同义的词就有 61 个，学习者得注意。

蝙蝠的雕塑

在香港，人们迷信谐音的历史已经很久了，只要与一些吉祥字谐音的其他汉字都是人们喜欢使用的。如“蝙蝠”里的“蝠”字与“福”字谐音，“福”代表好运。人们都希望获得“福、禄、寿”就是幸福、升官、长寿的意思。所以许多类似的文字都烤制在瓷器上、围巾上以及其他东西上。

敬辞也要用在适当的地方，如“长寿”是指年长健康的老人，在祝福尊敬的老人时可以使用，而“永寿”代表长生不老，多在悼念故人的时候使用。

“鱼”与“余”同音，代表丰盛。在农历新年的时候鱼是必须上的一道菜，或许没有人吃它，只是为了寓意年年有余。所以你第一次同人家吃年夜饭千万别碰桌子上的鱼，因为只有主人才能将它夹入自己盘中。

代表幸运的不只是文字，颜色也是一个重要标志。红色是人们喜爱的，它代表幸福吉祥，在类似于生日会、婚礼等重大场合上随处可见。过年包“压岁钱”的纸包也是红色的。白色代表伤悲，多出现在葬礼上。

蝴蝶寓意喜结连理，婚姻美满。鸳鸯代表爱情忠诚，白头到老。在香港，千万别戴绿帽子，那表示你的妻子跟别人偷情。也别送给人家钟，因为“钟”与“终”同音，代表死亡。橘子是好的礼品，因为它是金黄色的，寓意富贵荣华。许多植物的果实也是上好的礼品，代表子孙满堂。

你去医院探望病人，如果病人是上海人，那千万别送人家苹果，因为上海话里“苹果”的发音与“病故”极其相似。到了赌场身上千万别带书，“书”的谐音跟“输”一样，代表输钱走霉运。

不单对文字十分讲究，对数字也是一样的。他们最喜欢的数字是“8”，因为它的广东话发音与“发”近似，“发”代表兴旺发达，代表财源滚滚。于是人们就认为数字“8”越多代表的钱就越多越富有。有心的人注意看看香港的车牌就能够知道他们对“8”是多么的喜爱和迷信，几乎每一辆好车的车牌号上都有8的出现，车子档次越高“8”出现的频率也就越多。精明的政府就利用了这点，号码好的车牌都以拍卖的形式发放，价高者得。目前为止最贵的一个车牌高达500万港币，就因为上面多写了几个“8”而已。另外“3”听起来像“生”，“生”代表生命的意思，于是“3”也变得比较抢手。“4”就不一样了，与“死”谐音，“死”代表死亡与晦气，所有人都是“避之犹恐不及”。

为在香港生活做准备

大家千万别紧张，讨论这个话题并不代表在香港会遇到许多麻烦，因为香港本身就是一个具有相当包容性的国际化都市。它的复杂性主要集中在独特的历史背景下，也就是我们前文所介绍过的“被英国规则运转的典型中国南方城市”。初到这里的人，

香港早期的账房生活

受到两种极端文化的夹击，肯定会有许多疑惑。我接下来要做的就是对一些突出问题给予解释。在我们深入讨论香港价值观之前，我想对它们形成的过程简单分析一下，我将它们分为三个阶段、五个步骤。

适应陌生生活的三个阶段

当你离开自己熟悉的环境投入一个完全陌生的新空间，必须经历三个阶段。我将它总结为“脱离　融合　创造”。

打个比方，你是第一次出国居住，无论在工作还是生活上都面临着巨大的压力。你被委以重任，面对新的同事、新的流程、新的业务等一切都要从头开始。生活上，你不得不放弃你已经住了很久的家，你不得不放弃费心打造起的点点滴滴，你不得不让自己的孩子离开熟悉的学校和知心的朋友，你也不例外，离开你的挚友、同事、亲戚，而能够放弃这一切的原动力就是你坚信，在新的环境你可以创造出更加精彩的生活。

第二个阶段的解释就有点麻烦了，因为人们把太多的注意力都集中在了第一个阶段或第三个阶段。而中间的过渡阶段，我们往往都忽略掉了。首先，我认为，是我们生活的节奏太快了，很难给我们时间去迟疑。其次，现在的人们都太急于求成了。曾经有人打过这样一个比方：假若有一个人在星期五辞去了自己的工作，或许在星期一的早上他会准时出现在新公司的岗位上。

在香港这种转变的时间会更短，别忘了香港人在星期六还继续工作半个上午，所以那些急促的人们留给自己转换的时间其实就一天半。客观谈论过渡，其实是一个因人而异的过程，但是最好不要忽略它，因为差异带来的影响会不合时宜地出现，对你造成加倍的麻烦。这种感觉就像一种惊险的空中杂技表演，表演者在摇曳的秋千上悠来荡去相互传递，如果掌握好节奏与时间差危险性就会降到最低。

有人还这样推断过，过去人们去别的国家没有飞机只能乘船，虽然很辛苦，但是一旦到达目的地他们很快就能融入并开始新的生活。原因就是漫长的路程给了他们足够的适应时间，生理和心理上都得到了充分的准备。而今天人们可以说是飞来飞去了，效率是大大提高了，但留给他们的时间只够他们分辨目的地，至于适当的调整想都别想。

调节陌生生活的五个步骤

上面的三个阶段，我认为还可以细分为五个步骤：蜜月期—疑惑期—思考期—学习期—接受期。学习是需要一些方法的，有时候你会发现，我们身体的反应要比我们意识的转变快得多。但都无所谓了，毕竟事实缩短了我们对新鲜事物的领悟过程。

在第一个环节里，你的感觉就像在度蜜月，到处充满了新鲜和刺激。时间被许许多多的事情挤得满满的，你根本来不及反应。试想一下，你第一天进到办公室，公文包还没有打开，许许多多新同事就来跟你打招呼，彼此间不停地相互介绍，人还没认齐呢，新工作又一件件地分配过来……又或者你是个家庭主妇，从此刻开始又要琢磨什么地方可以买到好的生活用品，什么地方可以找到电工，乘什么车可以回到家里，孩子可以上什么样的学校？他能不能跟新同学们相处愉快……

香港天星港码头

新的生活轨道你可能很快就会掌握，表面上也许已经适应了，但实际上在你内心深处，会越来越明显地跟自己埋怨：“为什么这里的……一点都不像家里？他们为什么都会这样？”于是你慢慢觉得自己许多事情都看不惯，性情变得很易烦躁，做什么事情都无精打采的。进入这个阶段其实是可以理解的，因为你的焦点都集中在琐事上了，无暇去感受生活中积极的一面。可这个过程千万不能太长，因为深陷其中只会使你越来越迷茫和困扰，对你融入新环境没有一点帮助。在这一步骤的期间要依靠自己的心理状态和自我平衡能力，如果感觉力不从心，那就最好找身边的朋友或专业人士来帮助你克服障碍。

在第三个步骤绝大多数的人已经能够意识到，令你烦恼的问题是由于文化差异造成的。当然允许人们对差异的理解是否定的，因为问题的化解需要进行到第四步时才可以做到。

在第四个步骤，人们已经开始花费时间和精力去分析、了解造成文化差异的原因了，这种客观分析的过程会令你越来越清醒。只要尝试多听多看，从不同的角度去解释你心中的疑惑，很快你就会发现自己有能力去解决一些事情，并且会越来越有自信去面对新的事物与困难，于是你开始迫切希望从更多的经历中获得经验。

第四步促使你顺利步入第五个步骤，你已经能够接受不同的文化差异，而且还可以在不同的文化差异中汲取营养为自己提供帮助，每个人心里都充满了求知欲。我想现在的你一定不再害怕待在异国他乡，那就享受这次难得的异国之旅吧，在这里寻找一段属于你自己的精彩旅程吧。

情人节送 99 朵玫瑰

香港人的理念和价值观

也许很多读者，在读过以前的内容后会发现，香港是一个非常现代化的城市，在这里人们都会一些英语，不像在北京或东京因为语言差异而难以交流。他们的穿着也与一些欧美国家一样非常时尚。但随着深入了解，你会发现他们并不像想象中那样容易接触，甚至还会颠覆你以前很多的认识。所以想深入了解他们，就得从了解他们的价值观开始。

互惠概念

香港和许多亚洲国家一样，强调集体意识大于个人得失。如果过分在乎个人感受，很多时候都被视为影响全局的举动。

这里还有一个独特的概念，就是“面子”。这里包含了“互助和关系”两层意思。在中国的人际关系里，他们发挥着重要的作用。“互助”的大概意思就是，当有人为你提供某种帮助后，你也要在以后他需要帮助的时候毫不犹豫。这其实是一种互惠的概念。“关系”就是多点之间的配合合作，关系多了，非常有利于人们办事，还可以减少很多麻烦。

广东话里还有“yau sum”这个词，意思就是有心的意思。“sikdjo”意思就是做事有板有眼的人。两种称谓方式都表达出中国人的一种操作事物的行为模式，并且都会墨守成规。所以他们会自觉地在某一个特定的时间请某某吃饭，在特定的时间给某某庆祝生日，在特定时机向某某送上贵重的礼物。而这些感情账都会清楚地记在大家的心里。

互惠的概念根植于人们的意识里，打个比方，某个人的儿子结婚的时候，别人给他多少礼钱他会记牢，待他人结婚的时候也会相同奉还。如果这个关系网被打破，那将带来一系列的麻烦。当然作为一个外国人，你可以不在乎这些规则，可是你会发现，人们会在合适的时候给你送上一份厚礼，让你对他们的细心极为佩服。此刻你应该认识到你对他们来说应该是一个非常重要的人。

送礼是一种技巧，但有时候我认为它是多余的。就如在中秋节的时候，一些人会

中秋送月饼意义不大

收到几十盒月饼，这的确说明他是一个重要的人，但他本人根本不去计较这些都是谁送的，于是送礼变得一点意义都没有。在西方，每逢过年过节，都是管理者送礼物给员工，员工也会因为自己的价值而收到不同的礼物，这样既刺激了员工的工作积极性，又融洽了管理者与员工之间的关系，要比刚才说过的大堆月饼值得多了。

中国的社会关系

讲中国的社会关系，就一定要讲孔子的儒家观念，因为很多人际关系都被它制约着。中国的人际关系里，“阶层”的概念是非常明确的，而这种观念被一直延续着。例如，在孔子的概念里有五种基本的对应关系，即是“君与臣，父与子，兄与弟，夫与妻，友与友”。当然这些关系里都明确规定，谁为主导地位谁为从属地位，在自己的地位里就有相应的行事标准。

而在香港，对人际关系的解释又有许多特殊性，香港很多延续了三代、有一定社会地位的人家族，他们经过长时间经营，积累起大量财富，衣食无忧。渐渐地，他们冷淡了对名望和官爵的追求，并逐渐衍生出一种更加本土化的层次关系。

孝顺

任何一个中国社会里，包括香港都十分在意孝道，即对长辈的服从和尊重。这种根深蒂固的观念与人们受过怎样的教育没有关系。“孝”的概念可以说是无条件的，而且不仅仅体现在家庭里，在社会的各个角度都可以看见它的影子。所以有人曾经这样形容过，在孝道当先的社会里，年轻人很容易被长者所利用，虽然听起来有点可笑，但也不无道理。

其实孝道随着时间推移也在不停改变。“孝”的标准早就不是以前的“四世同堂，子承父业”了，越来越多的年轻人更愿意脱离家庭，独立组织家庭生活。

孝顺老人

年轻人当然有自己的理由，今天他们所处的社会有更快的节奏。他们也变得有能力，使自己瞬间换到一个全新的空间，展开自己全新的生活。

而这种变迁是长者们受不了的，他们也许更愿意踏踏实实在香港安度晚年。你或许看见许多老人快快乐乐地在养老院里安享晚年，可是这种情况在20年前是大逆不道的。这就说明一种观念的转变，也许今天的老人认为，子女给他们寻找一个环境优良的养老院，供他们在那里生活，也是一种孝顺的表现。

忠诚

中国人认为，每一个家族成员的忠诚，是这个家庭可以兴旺发达的必备条件，他们可以团结在一起克服一切的困难。“血浓于水”是中国一句有名的谚语，它的意思就是讲家族成员可以是你最信任的伙伴。还有一句就是“肥水不流外人田”，意思就是讲，利益的第一个分享者应该是你的家人。这些观念其实都是在表明忠诚对家庭的好处和重要性。所以我们现在就可以非常容易理解，当两个家族间组成一个坚强的联盟时，他们大多都通过联姻来解决彼此之间的忧虑。尽管这样的婚姻并不是建立在感情基础上，但当事者很少会犹豫。

忠诚的对象在封建社会里是君主帝王，而在今天它所体现出的更多是爱国和爱自己的民族。香港在这方面有自己的特殊性，原来殖民地时期香港强调的是特权，崇拜强者。而忠诚于国家的观念出现在香港人的意识里，确切地说，应该是回归后10多年间才慢慢展现出来的。

忠诚体现在个体上，应该是一种服从的概念。当今的社会里，雇员服从管理者，已经不是为了混一口饭吃，是被迫无奈的选择，更多的是一种必不可少的职业素养。很多知名的大企业十分注重这样的文化氛围，以确保整体长期的顺利运营。

香港的人际关系是复杂的

人际关系里的阶层划分

香港的社会关系与职业关系是建立在复杂的人际关系基础上的，所以也能够清晰地看到阶层的划分。举个简单的例子，职场中，领导有绝对的优先权进入会场或餐厅，员工都会自觉地等领导落座后再坐下。所以在这种情况下，如果有一个不懂规矩的，大家会立刻发现他。而某某对他的上司有任何的非议，都会小心谨慎地表达给上司，想让他们跟领导据理力争那简直是难于上青天。所以与一些成功人士打交道的时候你都会发现他们的个性十分复杂，面对不同的人会有截然不同的两种表现。也就是说无论一个多么锐意创新的人在香港也会小心地遵守他们自己的规则。

中国有两部非常著名的小说，一本是清朝的《红楼梦》，一本是近代的《家》。可是这两本书在传统的家族里是被父辈禁止观看的。为什么呢？因为里面所描写的许多东西，都是在藐视或者揭露传统的封建观念，这大大刺激和颠覆了新一代年轻人的认识，所以传统的长辈不想晚辈看它是有道理的。我也曾经拜读过这两本著作，虽然不尽理解，但也在其中看到许多端倪，也使我更加理解中国为什么能出那么多伟大的政治家和战略家了。

在这种阶层文化下，会有许多奇怪的现象。假如一个员工接受了一个并不正确的指令或者工作，他会没有任何异议地执行它，并执行到失败。可见在他们眼里什么对他们来说更重要。

年轻人在香港首先要打好关系

行事之前先打好关系

假如你想通过取巧的方式解决一件事情，那么关系就是你的解药。假如你是一个新人，无论来到什么环境，都先要建立好自己的人际关系。要有耐心，先观察，看清谁是你的领导，谁在这里有领导权，这里有多少派系，你应该如何面对这些派系，为了完成你的工作你应该怎样利用这些派系等。另外，在这里立事还必须要有好的中间关系，就是大家的和事佬，有他的帮助建立关系要简单轻松得多。想成功就先融进他们的文化。

信用

在这里，有一个词大家非常看中，那就是“信用”。信用所倡导的风气就是诚实、守信。另外信用的获得更加实在，无论你有什么身份，有什么家庭，只要你努力工作，认真做人，你都可以得到大家的认可。而好吃懒做的人在香港这个快节奏的社会里是绝对不被接受的。类似的教育从小就开始了，大人都告诉他们的孩子，诚实守信的人会得到别人的信任，使你受益终身。当然“信用”是一种无形的标准，在这个商业社会里，它也会成为与面子、人际关系一样可以创造价值的产物。但不管怎么说，信用这个良性的标准给了人们一个相互监督、确保社会稳步发展的道德标准，是值得提倡的。

设想一下，一个人不踏实地工作，而想通过投机的方式获得成功，获得别人的认可，这毕竟是不长久的。他毕竟逃不过大众的眼睛。而且在香港这样一个阶级分明的环境里，渴望迅速跨越自己的身份也不是那么容易的。

核心集团

我想读者看到这里不会有立刻搭下班飞机离开香港的念头吧？当然不会，因为大家不会因为就看了上面的草草几句，就对香港有一个清晰的概念了。其实想要深入了解香港，就必须深入他们的家庭体系里。有人曾经这样说过，中国的单位就是家庭，他们的家庭观念太重了。无论我们怎样谈及各种社会现象，都跟他们的家庭有着千丝万缕的关系。所以我有时候讲的一些东西只是给你一个现实、反面的表面现象，反而能让你拥有属于自己的正确认识。

在这节的结尾我所给大家的一些建议，是让大家了解，在香港这样一个表面与内在反差极大的社会里，存在着很多深奥的内涵，想适应就要一点点地走近它。

冒险精神

香港是冒险家的乐园，原因很简单，这里充满了机会和财富。不说别的，暂且看看大家闲暇时热衷的娱乐项目，什么赌马、六合彩、麻将……只要有人的地方就参与得热火朝天。还有像什么股票市场、期货交易……每天就算到了最后一刻都在如火如荼地进行。太多的人希望通过这些手段一夜暴富。但如果没有强壮的心脏就最好不要参与了，因为豪赌的副产品就是一无所有、倾家荡产。

香港是冒险家的乐园

豪赌不论在什么领域

出现，都有它特别吸引人的地方，以至于引得那么多人都奋不顾身地投入进去。虽然赌博一样的冒险收取了人们高昂的"学费"，但人们更愿意相信它带来的机会。敢于赌博的人都相信，他们不仅能获得巨额回报，他们还可以创造属于他们自己的新规则。

也许赌赢的人可以摇身一变，从此成为一个成功的人，但是一个成功的人不应该是一个赌徒。

不需要觉得困扰，这就是一个没有答案的博弈，每个人心中都有自己的解释。

我想，现在可能又出现了一个新的问题，就是成功是不是应该通过正规途径或者非正规途径。在香港这样一个权力和财富都被少数人掌握的社会里，留给白手起家那些人的机会似乎并不多，也难怪有那么多不同方式的豪赌为人们津津乐道。

分析问题是出于理解的角度，但不一定会赞同这些人的做法。如果给这些人一些忠告的话，就是你一定要有责任心，你不是一个人，你还有父母孩子，别把自己应该负的责任转嫁给他们，转嫁给社会。而对于社会和政府也有一些忠告：你既然有信心允许发展这些博彩性质的行业，就要完善地管理它，寻求平衡和谐的发展前景，我相信这对香港的繁荣的确是有帮助的。

男性主导和竞争社会

香港是一个典型的男权社会，这源自中国几千年的父系社会结构，许多家庭都渴望多生育男丁以延续香火。其实男性主导的这种说法在香港更有点形而上学的味道，这跟许多香港人所持有的一些古怪思想类似。很多时候他们认为：

世纪之星李小龙，男人的偶像

“大的就是美的，越多就代表越好，声音大就代表自己有道理，浓妆艳抹的就是性感。”而这些意识潮流的形成，已经不是单纯意义上传统文化的影响，更加具有时代感和本土气息。而他们的竞争意识更加根深蒂固，在孩子很小的时候，家长就会对他们灌输竞争意识，激励他们成为班级第一，于是人们心中开始每时每刻都得抱着争第一的志向去面对社会。在这种环境里大家崇拜强者，并坚信一切强者创造的神话。不能否定，这种意识形态确实是香港飞速发展的基础。但在与传统文化的摩擦下也确实产生了许多上述讲过的本土思维。它矛盾，让许多外来人时常摸不着头脑。它挣扎，因为所有的香港人都在这独特的思维碰撞下创造着香港的奇迹。

小结

香港，一个适合你扎根的地方，尽管它很大很杂。可一旦当你扎到它的怀里，你就不想走了，甚至你会诧异地认为，香港也许就是为自己而存在的吧。

香港的巴洛克风格建筑

我很深入地描述了香港特有的两种截然不同的体系。一种中式传统，一种西式开放。而如果将两者结合在一起，我想可以给它一个新的命名，就称“新儒家风格”吧。

香港不会掩饰自己的好坏，它都会很鲜活地展现在人们面前，但千万别停下脚步评论这些是非的得失，因为香港国际化的脚步会将你甩远的。人们渴望学习，渴望走出去，说不定明天就又会看到一个不一样的香港。

如果你想知道现在香港人的餐桌上是在吃牛排，还是吃西红柿炒鸡蛋；香港人过圣诞节热闹，还是春节热闹；他们是中规中矩，还是随性不羁；亲自来这里自己找出答案吧。

美食美酒

第四章

融入香港

“人们会忘记你说过的话。人们会忘记你做过的事。但是，人们不会忘记你给他们的感受！”

——安吉鲁·梅雅（1928—）

中国人怎么看自己

中国有许多个民族，但无论是在大陆、香港或是海外的中国人，人们很少会关心自己族群以外的其他人或事。因为这些不同的民族都有自己特殊的起源、文化和语言。在缺乏交流的情况下，民族与民族之间会有一些天然的意识阻隔和资源保护，像香港这样一个典型的南方粤语城市就很难被北方的民族介入（编辑注：作者有误。应是同一民族内部的文化差异）。但随着普通话的普及，这种阻隔在慢慢淡化。

另外中国的社会好像有很强的学习能力，也有很强的同化和包容能力。比方说一个外国人在香港住了一段时间，他的立场很快就会与本土人的思维立场融合。曾经有一位资深的英方人员在与一位当地女士共进了几次晚餐，他就开始搞不清楚，像这位女士的言谈举止，她到底是不是本土人。

香港的商务西餐厅

香港的土亲戚

中国内地的人在中国香港这个舞台上，体现出越来越重要的作用。仅在香港股票交易所里就有 80% 的份额是由他们掌握的。在许多高档的西餐厅内，看他们熟练地使用刀叉的样子，还真猜不出他们是到底来自于哪里。但是也有人提出这样一个概念，中国内地人的进入，是不是过分占有了港内人群的权益。目前在港岛的北部还聚集着许多经济欠发达人群，他们虽然也是广东系，但主要语言不是粤语，并且与外界交流较少。他们所集中居住的区域分别在湾仔以及港岛西部与北部的边缘。那里地价较低，竞争相对没有那么激烈。人们戏称那里是“解放区”。但随着越来越多内地人的迁入，“解放区”的格局正在发生变化。

但我认为，“进入”的概念有点太片面了。先看看许多在香港工作的年轻人，他们多是在海外留学归来的，有这样的高学历，且熟练掌握外语与专业知识，所以他们能被一些大公司选中也是必然的。

其次，随着内地政策的改变，到香港来访的私人签证办理手续简化，越来越多的内地游客来到香港。根据德勤公司（DELOITTE）的数据显示，2013年来港旅游人数是7688.46万人次，其中62%的游客来自内地。

他们来到香港不单单是旅游，更是庞大的消费群体。随着品牌概念的建立，香港这个自由港里囤积的大量国际名牌商品成为大家争相采购的目标。在知名的“太平洋百货”就曾遇到过这样的窘境。当初许多来购物的内地客户投诉说：“我们为什么要浪费时间在这里挑选一些不知名的商品？”意识到商机的“太平洋”立刻改变自己的经营理念，选择高档品牌成为自己主要的承租商。我想事实证明他们的选择是对的！现在的“太平洋百货”已经找不到普通百货和廉价餐饮了，店里的售货员只能到外面便宜的馆子解决工作午餐了。

香港的太平洋百货

香港移民

“移民”这个词在牛津英语词典里的解释是：选择离开自己本国家居住的人。听起来没有“外来者”形容地那么小气。但每一个移民至香港的外来者都很清楚，这里的文化差异得需要一定时间才能适应。

当地人是怎么看这些外来移民的呢？首先一切黄头发、蓝眼睛的长得与自己有很

"鬼"

如果你是一个蓝眼睛黄头发的西方人，可要做好心理准备，当地人也许会不礼貌地称呼你鬼佬、鬼婆、鬼仔、鬼妞。这些都是根据你的性别、年纪得来的。如果你是非洲人，他们会改称你为"黑鬼"，诸如此类。

两名外国年轻女子在香港

大差异的都算是外国人，而亚洲区许多长得类似的邻居他们也能很快地被辨认出来，继而也被归类为外来者。而只要祖上有中国血统，无论你已经在国外生活了多少代了，他们都会认同你为自己人。这就是他们的看法，我曾经琢磨过，他们为什么会这样想？试想一下，中国曾经非常强大，在它发达时期，保持"世界中心"这个角色很长时间。所以他们将散落在世界各地的中国人都称为自己人，而对其他国家的人多少有一点距离，而且这种距离还是俯视的。从他们对外国的称谓就能略知一二，外国人在他们的嘴里被称为洋鬼子、鬼佬等。其实都有一个"鬼"字。"鬼"顾名思义，多是一些游荡在阴间，没有住所，饥寒交迫的孤魂。我想这多少能昭示出中国人的对外意识。

在香港，虽然大家对外国人的称呼有一点怪异，但并不能说明他们满脑袋都是排外意识。接触久了你可以感觉出，他们这么称呼你多是一种习惯，而且还带着一点表示友好的气氛。可是与外国人保持一定距离是他们一贯的作风，好像他们总是缺少那么一点安全感。

大部分外来移民都不与当地的居民主动靠近，如果需要有什么接触也大多是通过官方来解决。这其中的原因主要是由于语言差异造成的。我认为许多难以调和的矛盾其实多是交流误解，而非文化差异，如果双方不能够明白地将自己的想法传达给对方，误解是很难被打破的。双方对误解的造成其实都有责任。很少有外来移民主动学习广东话，并非是因为它太难掌握，主要还是因为它作为一种中国的地方语言，少在大环境里使用。而对本土人来讲，过于维护自身利益，懒得与外界沟通，结果保守的本土意识更加加剧了误解。打破这种僵局，需要双方共同的理解和努力，别总是用文化差异作为借口，我想但凡双方都放下了架子，许多先前发生过的问题，早就不是影响大家和谐共处的原因了。

在这里，我想应该给那些渴望融入香港的移民多一些建议。你们之所以来到香港生活，或许是因为香港可以为你们提供一个更加优越的生活空间。如果这种要求你已经达到，就更没有理由故步自封、唯我独尊，你们其实并不拥有什么凌驾于他人之上的特殊权利，你和你的香港邻居们都一样，香港都是你们的家。

移民家庭

最近几年，大量年轻、单身的新移民涌进香港淘金。他们大多拥有高学历、高技能，被一些国际大企业录取，其中的少数人也将他们的伴侣一并带到香港共同生活。一般携带着家眷的打工者，之所以选择在异国工作的主要原因就是为了获得更高薪的工作。所以在这些人身上，就能看到一些共同之处，他们总是时不时地举家搬迁、飞来飞去。曾有人打趣地说过，这些人的飞行记录不一定比专业飞行员少。而选择在香港这样一个快节奏的城市工作和生活，对那些出外打工的人来说，肩上所承受的压力就更进了一步，其压力不仅仅来自是不是能获得一份高薪，在这样一个到处都是诱惑的城市里，感情和家庭的维系对他们来说绝对是一个挑战。

其实大多数的移民夫妇多保持传统模式，丈夫在外工作挣钱，妻子做家庭主妇。外籍员工的薪水可以说很丰厚，但其实也只能应付家庭日常消费，不像我们想象中，他们都拥有用人、参加私人贵族俱乐部、住豪宅、上私人学校、每年带薪休假……

移民夫妇选择香港是为了获得高薪的工作

现在有越来越多的居家主妇已经不满足于整日在家操持，她们也开始完善自己，努力改变自己的生活。就像大多数已婚亚洲女性一样，除了安顿家庭、孩子的生活以外，她们还在

年轻的主妇要勇敢走出去，建立更宽的社交圈

学习不同的技术，考取更高的学位。这不仅使她们的生活更加充实，也贴补了家用，还让这些居家的太太们更快地适应了香港的文化和节奏。

上述这些经验很适合一些新来的主妇借鉴。因为新来的主妇们，对陌生环境还有一些恐惧，她们更愿意与同样是移民身份的主妇们待在一起。谈论的话题永远都封闭在自己的意识里，不去接触大环境，不去接触香港人。这种主观的孤立，对她们其实没有任何帮助，久而久之，只会让她们更加敌视新文化、新环境。所以奉劝这些年轻的主妇，勇敢走出自己的禁锢，建立更宽的社交圈，认识更多的新朋友，那会使你获得更多的机会。

其实我认为，新来者完全没有必要对陌生环境有困扰，香港相对来说是一个包容的城市。首先来讲，这里是一个英语较普及的地方。另外，这里还有许多国外的妇女服务机构，像 YWCA（基督教会女青年会）、美国妇女联盟、各种继续教育的院校，他们都可以帮你学习香港文化，教授额外技能。更重要的是，它提供了一个有保障的、有安全感的社交平台，引导你直接接触到本土文化、民风民情，并在学习中消除最初的顾虑。

个人背景

香港是一个讲究个人背景的地方。背景似乎代表了一个人的能力，不论是家庭赋予的，还是自己努力获得的，拿它作为敲门砖再合适不过了。所以你经常会听见大家互相介绍的时候说："××是哪个大老板的女婿，是哪个政界要员的孙子，是某个知名大公司的经理，是什么著名院校的毕业生……"总之是光鲜靓丽的头衔一大堆。所以要想让自己被大家记住，这是一个捷径，就看你怎么发现自己身上独特之处，再加以包装了。

在职太太和菲律宾女佣

这个章节的题目并不是有意将结婚后继续工作的女性和菲律宾女佣做什么比较。而是想说明一个现象，香港有许多受过良好教育，能熟练使用英语的女性，就算结婚生子，大多女性还会选择在外工作。

微笑的菲律宾女佣

由于香港的竞争日益激烈，女性掌握的技能也就越来越多。30年前，一个女人如果会说英语，绝对是一件了不得的大事，而现在很少有在外工作的人不能熟练掌握英语的。不仅仅如此，她们还掌握更多的专业技巧和知识，也开始涉及一些曾经被男性主导的核心行业和管理层。香港毕竟还是一个男权社会，留给女性发展的空间少得多，但是众多成功女性所展示出来的态度会给初到这里的人们一个非常积极的形象。

根据移民局的调查显示，在香港的外国移民中人数最多的就是菲律宾人。他们大多从事家政事物，例如用人、管家、家庭教师、家庭护士、保姆等。这些工作使得家庭中的男、女主人有更多的时间和精力安排自己的工作和娱乐。但是作为异国员工最大的不方便就是，他们大多不会讲广东话，这加大了他们与社会和本土人之间的沟通。但是从香港政府每年从菲律宾大量引进劳工的数量来看，菲律宾劳工在香港社会中具有很大的作用。

集聚香港

香港的确繁华，但能在《财富》杂志上排名的有钱人也毕竟是少数，大多数的人也只是密密麻麻住在集体建筑中，生活简约，工作努力。根据2012年统计，香港每平方公里的居住人数是6520人，而在市中心的人数是每平方公里53 865人。

香港 2013 年的国民生产总值是 2.13 万亿港币，人均约 29.77 万港币。尽管个人薪水的涨幅很快，但还没有物价涨幅得快。所以家中至少有两个成员得在外工作，有时家中的男主人还得身兼数职。另外虽然薪水分配男女平等，但多数家里的女孩都早于男孩工作，因为父母都愿意男孩子多接受教育。香港的整体经济近期有一些削弱，这使得家中工作的人员的负担越来越重。

作为一个外来者，就算你不住在繁华地段，天天也都会感受到香港一派红火景象，人们像水一样进进出出写字楼，急匆匆走在路上，在路边叫卖水果、杂志的……

中产阶级

圣诞节的小朋友

到 20 世纪 80 年代的时候，随着经济和社会的飞速发展，港英政府和一些大型企业开始大量从香港本土招聘管理和专业人员。他们与海外员工相比更具竞争力，而丰厚的薪金使他们的生活品质得到巨变，一跃成为中产阶级。他们购买自己的房产，买跑车去海外度假，将孩子送进贵族学校，请用人。这个群体希望特区政府能更多地参加社会事业，并且希望一直保持现在的政策不变。

社会多元文化

在香港这样一个开放、包容的地域里，任何人都可以发现属于自己的一块天地。在这个小天地里大家都有同样的思维，一样的文化传统，一样的信仰，一样的风俗习惯，自己所熟悉的生活方式在这里一直被延续下去。从一些庆祝节日上就看得出来，他们既过农历的春节，也过西方的圣诞节，还有许多国家的不同节日都会有不同的团体庆祝。

香港的婚礼一般都被操持得非常热闹

私人邀请

香港人很少会将你邀请至家中招待，如果想宴请你一般都会选择在餐馆或一些俱乐部里。当他们家里遇到婚、丧、嫁、娶的时候，他们会邀请许多人共同参与，如亲戚、朋友、同学、邻居、同事，届时齐聚一堂。在这样一个环境里，是你可以了解底层文化最好的时候，下面简单地作一些介绍。

香港婚礼

香港的婚礼一般都被操持得非常热闹，有时候它的排场和场面看上去怎么也不像是家庭聚会。虽然香港人十分信风水，但是对伴侣的选择还是出自感情的基础。在选择结婚日期的时候，一般人家不会刻意请风水先生指定，多是参照一些有标示的台历就可以决定了。婚礼典礼不具备什么明确的宗教性质，但庆祝期间会有一些极具民族特色的仪式以图平安吉祥。婚礼的举行一般有两个场所，第一个是在婚姻登记处，而出席的多为新人身边最亲近的人，如亲人朋友。第二个庆祝场所是婚宴，这里可就热闹多了，什么朋友、亲戚、邻居、同事，只要与新人或新人家属认识的都会被邀请，当然在这样一个民族色彩极浓的聚会中，很少有西方人出现，除非被邀请人不在本地，大多都必须得出席以表祝贺。现场人数很少有少于数百人的时候。

出席婚礼的宾客都得奉上红包表示祝贺，红包的金额根据新人与宾客的关系而定，但是通常一个人所馈赠的金额，绝不会少于两个人的饭钱。所以大家的红包里最常见的款数就是 200、600、1000、2000 港元等，大家可能发现了这些数字中一个单数都没有。因为根据中国人的传统，结婚时出现的数字都得成双成对以图吉利。婚宴的资金多由男方父母提供，因为在中国习俗里，女方结婚后就属于男方家族的一员，从此为男方家延续香火。而婚宴的场面大小则根据男方家庭条件决定，有时他们也会根据礼金的数目来安排。女方家的事情就轻松多了，一般将财礼数目比对清楚就可以了。

因为婚宴多在很大的餐厅举行，所以其场面非常热闹，也十分嘈杂。有专门的摄影人员为嘉宾和新人照相，还要拍摄一个集体照留念。所有人都会放下手头的工作，在吃饭之前一起打麻将、玩牌，他们发出的噪声越大就说明他们越高兴。瞬间这里成了一个交际的场所，在喜庆的气氛感染下，人们之间很容易就可以成为朋友。

在婚宴的餐桌上你可以看见，人们为了庆祝喝各种各样的酒，白兰地、威士忌、红酒，当然最多的还是香槟。在宾客们开始进餐以后，新郎新娘就开始忙乎了。首先是新娘在席间最起码得换三套衣服。第一套是婚纱（多是租用的）；第二套是中式旗袍；第三套是晚礼服。然后是一桌桌地敬酒和对出席婚礼的嘉宾表示感谢。用餐完毕，新人双方的父母和新人站在餐厅的门口，一一送别来宾。

婚宴多在很大的餐厅举行

由于异国婚恋的增加，越来越多的人开始选择西方婚礼的模式，不再大办中式流水宴，代替的是鸡尾酒会或者自助餐会。来宾不用拘泥太多的形式，时间也更加自由，多少减轻了新郎新娘的负担。但是这种观念还没有完全被传统的长者所接受。

婚礼中还有一个重要的环节，就是新娘向男方的父母及长辈“敬茶”，人们对这个环节极其重视，因为它体现出家庭的融合和孝道。所以每当这个环节的时候，大家都规规矩矩地依照长幼顺序进行。而长辈们在喝过茶后，还得向新人发红包，红包的金额也严格遵守着辈分的差异。“敬茶”这种面对面表示尊敬的模式被用在许多场合，足可见它在人们心中的分量。

香港葬礼

香港的墓地

葬礼在香港受到人们高度重视，它一般都在一些专用的会场举行。现在香港有两个主要用于举行丧葬仪式的地方，一个在港岛，一个在九龙。这些场馆的利用率极高，许多人都不得不长时间等候机会。

葬礼的形式一般都是故人的家属在会堂举办一场悼念会。所有的来宾都会十分尊敬地向死者告别，并慰问家属，向家属答礼。悼念会的规模由故人生前的地位和知名度而定，当然与操办者的财力和影响力也有很大关系。在香港这样一个男权社会，操办葬礼的负责人主要是死者的长子。在葬礼开始前，陆续进入会场的来宾会将携带的花圈依次放在会场内。花圈上都会十分明显地标示出赠送者或集体的名称，所有参加悼念的人，在仪式正式开始之前都会非常仔细地辨别各个花圈。

葬礼有一套非常严谨的程序。来宾需要穿深色的衣服，最好是黑色。来到会场后首先在外堂献花，随后会有专业葬礼引导员用英语将您引入内堂。内堂陈列着死者的遗像和遗体。首先向遗像鞠躬、默哀，随后绕遗体一周向死者告别。如果你不愿意进入内堂面对死者，可以在外堂安静等候。

葬礼上，家属会给你一个装有硬币的白色信封，还有糖果。“硬币”的含义是为了答谢远道而来的来宾，有车马费的意思。“糖果”是家属希望来宾在吃了味美的甜品后可以缓解悲伤心情。有时候，一些人家还发面巾和手帕，给宾客擦眼泪。这些东西都是无偿发放给大家的。另外，必须提醒大家的就是，葬礼开始的时间非常准时，而且一切步骤都严格按规定进行，最好不要迟到。在追悼馆附近，停车位稀缺，建议大家乘坐公共交通工具或是的士，以免造成不便。

基督教葬礼与国外的一样，比较有特色的是佛教和道教的葬礼。在这些本土的宗教葬礼上，大家不会称颂死者生前的功绩。因为根据他们的教义，死亡不代表结束，只是生命轮回中的一站。像在佛教的葬礼上，众多僧人会一起念经为亡者超度。相对来讲，参加宗教类的葬礼要轻松很多，首先在意识上大家的悲伤感没有那么强烈，因为他们相信重生。其次是在仪式中，大家从头到尾都不需要做什么，最多也就是依据礼节鞠一个躬罢了。

香港的指路牌

中国人有一个非常有意思的习惯，在参加完葬礼后都不直接回家，四处游荡。因为他们相信，游荡在殡仪馆附近的鬼魂会一直跟随着他们，他们必须将这些鬼魂甩掉才能回家。所以他们去哪儿的都有，就是没有回家的。

另类生活方式

同性恋在香港的法律里不被禁止，但是在香港这样一个相对保守的社会里，如果一对男子手拉手亲密地走在大街上，人们还是会用很奇怪的眼神打量他们。

香港有专门为同性恋提供服务的餐厅和酒吧。这些场所很容易辨认，在它们的门口或窗户上都悬挂着彩虹旗子。

想知道同性恋社群里最近发生的事情，最好的办法就是上网查看。他们有自己的网站。如 http：//sqzm14.ust.hk/hkgay 就是非常著名的一个。这些网站的内容十分丰富，有聚会活动信息，有热点话题讨论，有法律咨询，有聊天室、个人信息、产品广告等。

在这里，你可以自由选择你想要交往的群体或个人，而且很容易找到志同道合的伙伴，但切记，对自己负责，注意安全。

小结

这里主流的生活方式，是中式的传统与英式的西方习俗相结合的，但这里会尊重你的信仰和选择。无论你属于什么教派和国家，只要你有兴趣，有渴望而且足够敏感，那么，相信会很快融入其中。

第五章

定居

“当我们离开家外出远足，或许旅途中那些美景会给你带来些许快乐，但外面的世界再精彩，也不可能和自己的家一样，让你感觉温暖、踏实。”

——约翰·霍德华·佩恩（1792—1852）

香港的住宅楼

我想，可以有100个条件说服你为什么要选择在香港生活。飞速发展的国际化都市，便利的交通枢纽，自由的政治环境，健全的基础设施，开放的言论自由，迅捷的资讯传递……这一切的一切，为所有人提供了无数的机会和平台。所以才会有那么多外商、外籍劳动力、商界巨头都纷纷聚集到这里，实现他们的梦想。现在就让我告诉那些渴望来香港的人，你怎样才能将自己安身于此。

寻找安身之处

首先需要落实的是：寻找一个好的“窝”。建议你通过房屋租赁中介寻找。在香港很难租到像样的整体住宅，一般都是非常狭小的公寓，因为香港是个寸土寸金的地方。除非你财力允许，否则能租到一间相对理想的公寓就已经很难得了。

一定要把你能接受的租房价位和相关条件清楚地告诉租赁公司，因为其中有很多讲究。举例来说，同等面积的房屋，港岛的租金比九龙和新界的贵很多。这也就是为什么每天会有那么多人乘坐摆渡过海来港岛这边上班的原因。所以你如果想住得舒适宽敞点，就得作好长途跋涉的心理准备。当然价钱也是重要的因素，连同你和家人的上班地点、孩子上学的地点考虑在内，选择性价比最优的地点，以免得不偿失。

千万要看好房间的大小，香港居室的建筑面积和居住面积相差很远。建筑面积里包括了墙和窗框的厚度、电梯间和楼道大堂的面积。试想将这些面积都扣除掉，居室的面积要缩水多少?

精装房和空房

显而易见，设备一应俱全的精装房的租金要比四白落地的空房租金贵很多。但却

香港中环建筑

能省去不少的麻烦。试想一下，刚刚搬到一个全新的环境里，门儿还没摸清楚呢，就要开始惦记去购买家具家电，你不头大才怪呢！但初到者要留意除了房子是现成的以外，还会有许多令你不满意的地方。比如，缺少一些实用电器，某些设施有故障，墙体的颜色不很满意等。这些都需要在入住前与租赁商和房东仔细协商，哪怕需要再付一些附加费用也值得，毕竟舒适的居住环境是第一位的。

如果你就是喜欢居住在有自我风格的屋子里，那就只好费心去打理一下了。其中有一些窍门要介绍给你。第一，香港房间的面积也许比你原来的家要小很多，有人曾经这样笑称，在美国的一个单间如果放在香港，就能成为一套三居室的公寓。所以选择家具时一定要量好尺寸。我有一个朋友就冲动地买了一张自己喜欢的大床，结果连屋门都进不去。其次香港的插座也许与你家里的标准插座不一样，所以如果你自己携带了什么家电，最好顺便备上电源插头转换器，以免耽误正常使用。

如果你还想改造一下新房间的格局，那就要请人重新装修。切记，装修之前要与房主和租赁公司沟通，征得房主同意后才能施工。选择施工队最好也通过租赁公司，若执意自己寻找，也必须将装修公司的资料告知租赁部门，经他们专业审核后再开始施工。

与租赁公司交易事项

要通过租赁公司租到满意的房子，首先需将自己的要求全面地告诉他们，让他们在选择房源时有个参考，毕竟房源有限，给自己一个底线，满足一些主要条件即可，十全十美的肯定没有。租赁公司会根据你的要求推荐若干套房屋供你挑选，而房屋照片就成了你选择的第一信息，尽可能地要求租赁部门提供详细、全方位的图片，减少你实际看房的次数。

香港大滩的民居

当进行到商讨租金的阶段时，一定要认真审核他们出示的收费明细。确定租金里包含的所有费用，如房屋使用税、房屋维护费、物业费、停车费等。以免签署协议后发生不愉快的纠纷。

在香港很容易找到家政人员，大部分是菲律宾人

雇用家政人员

在香港生活还有一个便利，就是可以很容易雇到全职家政人员。大部分用人来自菲律宾和印度尼西亚。其中菲律宾雇工的费用更高一点，因为他们都可以熟练使用英语。由于家政服务工作的特殊和客户的挑剔，许多人家雇用女佣并非通过中介，而是由朋友介绍。

尽管香港的房子小，但全职用人还是要 24 小时跟你生活在一起，他们为你做家务、煮饭、看孩子……这难免就要将你最细小的隐私都展现在外人面前，双方都需要很长的时间互相适应。

建议你根据女佣的特点制定一个规则。规则中首先要明确，你要求她主要完成的任务是什么。每个人的特点不一样，有的擅长照顾小孩，有的擅长家务，有的擅长安排聚会……所以你要因地制宜地发挥她们的长处，规避她们的弱项，以获得最大的帮助。现在的中介公司都会对女佣有十分详细的分类和介绍，你只要将要求传达给她们，她们就会立刻调取相关档案，档案包括简历、证件、照片还有视频介绍等。挑选到中意的人选后就会安排面试，这个环节你一定要重视，因为被挑选者也许日后就是你家的一员了。面试时不仅要验证她的工作技能，还要了解她的为人，关于人品方面就只能依靠你的直觉了。

当用人最终来到你家后，你必须给她时间适应。她先得适应你的生活习惯，了解你的需求。你要合理安排她的工作时间，避免重复劳动。例如，一星期清洗一次床单，一个月擦拭一次窗户等。

即便是非常有经验的用人，你也要不时地提醒她一些工作细节。像餐具的使用，搅拌器等危险用具的使用，洗衣时需要特殊处理的衣物等，避免因为生活习惯差异而带来误解和麻烦。

汇丰银行大厦

做饭时，教她按照你们的口味和烹调方式准备。因为不同地域的饮食存在着巨大的差异。想要让一个异乡人烹调出你熟悉的家乡味，不下点功夫可不成。

与你的用人沟通时，千万保证简单清晰，模棱两可的指示不要表达，好多误会其实都是由于指令不清造成的。请他们去购物时，提前询问好价钱，再给他们适当数量的现金，对找回的零钱也要问清楚，这样小心不是对他们不信任，只是希望大家都有负责的态度。如果对用人的工作满意，应当给他们适当的奖励，以表示感谢。虽然你与她们几乎 24 小时生活在一起，但也要合理安排休息和放假的时间。你要了解，她们只是在完成自己的工作，而不是你呼之即来、挥之即去的工具。

多给他们一些理解，想一想，尽管你现在也身在异乡，但好歹有家人相陪。而她们呢，独自一人，寄人篱下。所以多多关心她们，而你也会获得更充实的生活。

香港大学大学堂

必备物品

个人档案

- 有效期为三年的护照
- 未过期的驾驶证
- 出生证明
- 结婚证、离婚协议书或所有监护文件
- 病历或牙医记录
- 学历证书、职业证书

个人所需物品

- 处方药：大部分药品都是可以买到的，但是在找到合适的医生之前，请备足药量。

- ■尽管香港有一流的设计师、裁缝和鞋匠，但是大于38码的女鞋和大于44码的男鞋不好买。大于44号的女装和大于52号的男装也不好买。
- ■药店出售的个人保健品：香港有你所需要的保健品和其他同类产品。但在药店里买到之前，先带上一瓶到两瓶。
- ■带上自助防晒液：香港人喜欢美白，不喜欢被晒黑的肤色。
- ■所需的特殊食品。
- ■电器产品：只带能使用两种电压的电器。请注意香港电视的色彩系统是PAL制式的，而美国是NTSC制式的。

香港的学校

香港的学生在 15 岁之前全部享受义务教育。所有公立小学都以讲广东话为主，英语为辅。而中学教育就会有一些变化，特区政府允许有的学校以纯英语授课。香港之所以这么重视外语教育，与它的历史有关，也与这个国际化都市所处的位置有关，当然还与学生和家长们的要求有关，因为他们看中的是日后就业的便利。近些年随着香港的回归和普通话的普及，这种趋势有些变化。尽管纯外语授课的学校给予学生语言方面极大的帮助，但他们的课程和教育标准都是照搬英国的，提供的文凭也只被英联邦国家认可，这样的局限性在很多外语类院校中存在。随着全球教育趋势的改变，学生家长希望自己子女考取的文凭更具国际竞争力，所以他们的选择正在渐渐从这些传统院校转向一些新兴的教育机构。香港之所以会有这么多外国的院校，是有历史渊源的。

香港的公立中学

20 世纪 80 年代，香港有一个移民潮，大量香港人移民至欧美国家。可几年后他们又选择回到香港发展，结果遭殃的是他们还在上学的孩子。

这些孩子年龄差别大，在国外接受的是纯英语或其他外语类教育，课程不同、进度不同，这些不利因素客观存在，想让这些孩子接受跨国继续教育，难度可想而知。这还不是最让人头疼的，当时香港教育体制规定，老师授课以广东话为主，英语为辅，这使得那些对广东话稀里糊涂的小洋人一头雾水。家长其实在这个问题上也很不情愿，他们当初选择移民其实也是考虑到孩子的教育问题，因此大多数人更愿意子女接受西方的文化教育。于是为了迎合当时的情况，许多外国教育机构进驻香港，这才有了那么多纯外语授课的学校。现在随着香港的回归，中文的重要性慢慢凸显出来，学校和家长也开始关注起中文和中国知识的学习，有的学校在保留原来教育方式的同时，开始教授学生普通话以及中国的历史和文化。

电信

在香港，只要你每月交纳一定额度的电话费，就可以享受不限次的区内通话和传真服务。据官方统计，每 100 户香港居民中，就有 73 家装配电话机，38 家拥有传真机。也许你并不觉得家里或办公室有很多电话机，但是将所有用户的话机数量加起来，总数就绝对让人惊叹了，香港目前有 3900 万台交换机、4900 万部电话。尽管如此，大多数香港人还是很节俭的，一般来说一个家庭也就安装一部电话。

从国际长途的通话时间分析，香港居民使用这项业务很频繁。仅 2001 年一年单通过国际直拨打到海外的通话时间就达 340 亿分钟。可以直拨的国家有 200 多个，内地所能联系的大中城市有 1000 多个。以前由于座机限制，通话很不方便，现在手机的普及使许多问题迎刃而解。

话费与以前相比优惠了很多。1995 年时，仅国际直拨业务这一项就使电信部门收入了 250 亿美元的天文数字。今天许多大型的电信公司入驻香港，他们的竞争给客户带来了实惠，现在再给你国外的家人或朋友打电话，费用相当便宜，还可以随时打。不像从前为了省那几分钱，要等到周末或节假日收费便宜的

4G 引领未来

时候才敢打。

但是有一点得注意，就是时差问题，例如，香港与伦敦相差 8 个小时，与纽约相差 13 个小时，与北美的西海岸相差 16 个小时，与日本相差仅 1 个小时，与悉尼相差 2 个小时。所以得掌握好时间，最好不要在对方不方便的时间打扰，谁会愿意在熟睡中被电话铃惊醒呢！

互联网

像世界上其他地方一样，香港互联网的使用率也越来越高，它简单明了的操作方式，成了人们生活中最必不可少的交流平台。香港近年来新建起许多中、英文网站，信息量的增加方便了居民。人们现在无论是休闲、学习、工作都会先通过网站获取自己最需要的资讯。香港政府的网站办得就相当不错，我建议许多没有来过香港的人有必要上去浏览一下，上面可以下载许多关于旅游居住，甚至交通安全的实用信息。

现在许多商家的网站提供的服务是全天候的。你可以通过它们买日用品、书籍、电子产品、预订戏票等。大家不用担心网速，现在香港 95% 的用户使用的都是宽带网。

由于人们越来越依赖网络，有时网站也会超负荷。如台风频发的季节，尽管电视、报纸每天都会第一时间刊登最新的天气情况，但人们好像看不见，争先恐后地在气象局官方网站上查询，结果网站很快就瘫痪了。在相同的季节，也正是学校揭榜的时候。5 万名考生一股脑儿地扎进网站查成绩，本来就繁忙的线路变得更加脆弱。为了保证网络正常，政府时不时就得关闭一些过于繁忙的网站，以确保整个网络的安全和顺畅。

苹果手机

移动电话

自从 1993 年手机可以自主生产以后，曾经十分昂贵的奢侈品，成为现今人人手中必备的工具。香港是我见过的手机使用率最高的地区，一周 7 天，一天 24 小时，人们随时随地都在使用它。由此可见，香港人生活之忙碌，压力之巨大。

手机的普及使得经营者们变换不同的优惠手段吸引顾客，千方百计地推销新型产品。最常见的办法就是，买手机附赠大量相关配件或礼品。要不就是直接减价，这样实惠就落在了客户头上，现在许多年轻的学生都有能力经常更换自己的手机。身边时时响起的手机铃声提醒我，它是多么的普及，就是有的铃声难听了点，粗糙的电子音乐居然什么乐曲都敢模仿，就连德国作曲巨匠巴赫大师的音乐都被做成了手机铃声。

“无线上网协议”的签订，使得用户们随时可以通过手机上网查股票行情、收发邮件。

手机虽然很普及，但是也有它的禁区。像听音乐会，看歌剧、话剧，出席一些重要会议时，都明令禁止使用手机，用户在这些地方必须自觉关掉手机或取消声音呼叫，以免打扰在场的其他人，同时也避免给自己带来麻烦和尴尬。相信手机在香港的作用会越来越重要，因为他们有句名言“时间就是金钱”，想想看，在这么一个瞬息万变的社会里，手机怎么舍得寂寞呢?

出版印刷业

香港是一个崇尚言论自由的地方，这样的大环境造就了发达的香港出版印刷业。书籍出版一直是重头戏，由于人们的阅读水准较高，香港市面上同一本书，它的中、英文版或双语版销路都十分火爆。香港印刷业的发达，体现在印刷设备都是全自动生产线，人员配备都是国外大量专业人才参与编辑，使得出版物既具专业性又具时尚性。加上工作人员出色的双语能力，许多刊物都是世界范围内推广的，像著名的牛津大学在香港就有专门的论坛发表自己的刊物。香港出版社还与内地合作，大大减少了制作成本。

香港的小学和中学在校生人数超过100万，孩子们学习的课程种类繁多。什么课外阅读、写作、初级算术、数学、计算机、科学、环境学、公民学、历史、地理、生物、化学、物理、语文、中国文学、英语、英国文学……试想一下，每个孩子每门课

香港书展

香港的出版物品种很多

程如果至少有一套教材的话，教材的版本还要分为中、英文，那得是多么庞大的一个数字啊。哪家出版商要是接到这样的买卖都会喜笑颜开的。

中文出版物里，还有一大类都是小说和休闲书籍。为了降低成本，尽管印厂还在香港，印刷的工作已外包到别的地方了。

新闻类出版物

香港言论自由的标准就是，刊物出版之前可以不接受审查。但如果刊物违反了出版规定，当局有权查封在报刊亭或书店出售的刊物。因此，还有记者不断抱怨香港的信息渠道没有完全放开。

当地有两份英文刊物十分有名。一份是《南华早报》，另一份是《香港iMail》（原名为《香港标准》，是一份娱乐性报纸）。《南华早报》的发行范围涉及全球好多国家和地区，所以有许多定居在海外的香港人通过它获取香港最新的资讯。尽管要与海外的许多报纸竞争，但这些刊物的销量都相当不错。如果你通过电话预订报刊，送报的人会将报纸放在你公寓的信箱里。你也可以通过一些批发商预订，他们会将报纸送到您家门口。

许多国外的报业也进驻了香港，如《亚洲华尔街论坛》《国际先驱报》《金融时报》等。这些报纸跟当地出版的报纸一样，每天凌晨天还黑的时候就开始印刷了，保证在您早上喝第一杯咖啡之前送到您手中。目前总共有 17 家中文报纸在香港发行，它们涉及了新闻的各个层面，适合不同的读者，有关于金融的、娱乐的、赛马的……

当你经过任意一个报摊，你就会发现有各种各样装订精美的杂志。有关于烹饪的、电脑或电子科技的、汽车的、音乐的、艺术的、古董的、电影明星的、生活家居的、功夫的、占卜的、赛马的、赌博的、政治的、民生的……可谓应有尽有。许多杂志考虑到读者的需要，会将刊物编辑成中、英文双语。我想在这个小小的报摊上，只有你想不到的，没有你找不到的，甚至是色情类刊物。

色情类刊物是被禁止发行的，但仍可在街头任何杂志摊买到，只有在警察临检的时候突然消失，不久之后，再另起一个名字继续发行。香港出版业竞争相当激烈，不同的新杂志一茬又一茬地更新，但是其中的内容永远不会让你失望。

外国通讯机构

香港对许多外国通讯机构来讲是一个非常有吸引力、有新闻价值的地方。从数家大型新闻机构的入驻就可以看得出来，它们是美联社、路透社、美国合众国际新闻社、法国新闻社、京都新闻社等。平时在香港登记的驻外记者就有 400 人左右，专职记者 180 多人。

新华社在香港有一个非常庞大的办事处，下属有许多私营公共事业的机构。美国的道琼斯公司也在香港设有办事处，公司主要出版财经类刊物，像《远东经济观察》《亚洲华尔街报》等，与路透社类似，也经营新闻报道、电脑数据恢复等业务。

书商

近 20 年，随着英文的普及，英文书籍的销售市场十分繁荣。香港图书中心无疑是当地最知名的销售商，经营着众多种类的各国图书。在它之后还有戴莫克斯

香港英文书籍的销售市场十分繁荣

（Dymocks）和杂志书（Bookzine），这些著名书商的日销售量惊人，人们常笑称“去晚了就什么都买不到了”。在香港，最大的网络书商是 Paddyfields，读者可以订到英国或美国出版的任何读物，而且香港本地是免运费的。整体来讲，书店的销售人员都会彬彬有礼地帮你挑选喜欢的读物。所有的书籍和刊物都是明码标价，特别是杂志。现今大多数杂志的价格都标注于封面上。位于湾仔的游艇会俱乐部是一个读书的好去处，但是进入俱乐部所在的大厦是需要通行证的。

图书馆

香港有超过 40 家的图书馆，所有这些图书馆的资料都可以通过网络查询。2001 年初开放的中央图书馆内，有 400 多个电脑查询器，提供的图书信息高达 200 万条。通过它们，你可以查询你所需要的国内外书籍信息，观看多媒体资料，下载相关数据。同时，只要向电脑里输入你的身份证和地址信息，你就可以非常便捷地获得借书资格，新朋友们还等什么？现在立刻就去办理吧！

香港还有许多私人图书馆，只针对自己的会员开放。位于中环花园道的梅夫人妇女会（Helena May）的图书馆号称是香港收集休闲类、儿童类读物最权威的图书馆。大学的图书馆是不向公众开放的，如果有什么资料想借取，只能求助于校方的相关人员了。

广播和电视

如果你喜欢听收音机，看电视节目。香港的电视台、电台可以大大满足你这方面的要求。

在收音机里，你一定可以找到你喜欢的节目。有古典音乐、新闻时事、流行资讯、股票行情……如果你在家有自己一直喜欢收听的流行节目，来到香港也不用失望，在这里你也可以同步收听。像我就是英国国家广播电台（BBC）的忠实听众，只要打开收音机将频段调到 AM670~AM680，你就能清楚地收听。

当地电视频道的节目是根据收视率的高低安排的，如果收视率低就会被停播。就在不久之前，刚有几个英文类节目下线了，原因是许多观众厌烦了一档节目使用中、英双语同时播报，两种声音相互交杂十分混乱。现在观众们更希望电视台再增加几档其他语言类节目，满足不同国籍的人群。目前香港本土电视台中最出名要数亚视（ATV）和香港无线电视台（TVB），他们所播放的节目中只使用广东话和英文。而香港可以收看的国外电视台如哥伦比亚广播公司（CBS）、美国广播公司（ABC）播放的都是纯英文类的节目。随着观众的呼声越来越强，电视台已经将一部分非粤语、非英语类节目上线，这其中最先出现在荧屏上的是普通话、日语、韩语类节目。

卫星和光纤信号电视这种概念也慢慢被人们所接受。尽管它可以传输给观众许多国外电视台的节目，但是就大多数普通人而言有一点多余。许多人经常观看的频道不超过两个，像我也就关心赛马和欧洲足球联赛等体育节目，其他的频道也就是一扫而过。

超过 98% 的家庭至少拥有一台电视，69% 的家庭拥有 VCD 和 DVD。其实人们最经常观看的节目无非就是一些肥皂剧和娱乐节目。这些节目在内地南方的主要城市都可以收看到，而且影响力很大。内地的有些人开始考虑，长期观看这些香港粤语类节目会不会冲击他们已有的本土文化。

电影和录像 /DVD/VCD

提到香港的电影产业就不得不说到李小龙，他所引领的功夫片发展到今天，已经成为一套非常专业复杂的体系。功夫电影对几代中国人的成长产生了巨大的、积极的

香港星光大道

星光大道雕像

影响。但是也有专家认为，其中一些被过分渲染的精彩的打斗、暴力场面，给社会造成了负面影响。

尽管香港电影的受众主要是粤语观众，但是很多作品都具有国际影响力，造就了许多世界级明星。像被无数影迷追捧的成龙就是地道的香港人。《卧虎藏龙》更是在奥斯卡创造了中国电影的奇迹，为推进中国文化作出了不可磨灭的贡献。

由于家庭影音设备的不断完善，越来越多的人选择在家中欣赏电影，致使香港电影院的数量逐年减少（从 1993 年的 190 家到 2000 年的 72 家）。而新建立的电影院为了吸引广大观众引进了许多先进的设备，现在如果再去电影院，你会发现那里面装修得更加舒适，音响效果更加逼真、震撼。买票入场后，所有人必须按指定的座位入座，观看电影时禁止抽烟，吃东西。香港的电影是分级的，分为 1、2、3 级。1 级适合所有人观看，2 级不适合儿童观看，3 级只允许 18 岁以上的成年人观看。尽管如此，影片的审核尺度也是相当宽松的，在影片里经常可以看见一些色情、暴力、血腥的场面，大家也不觉得有什么不妥。

电影院里的音响效果非常刺激，如果你接受不了，最好别轻易进去。大部分电影都配有字幕，中文电影配英文字幕，反之亦如此。如果你看的电影是没有字幕的，估计没一会儿你就迷糊了。

如果去电影院觉得麻烦，在家看碟片更好。这里有许多租影片的小店，过去租片既烦琐又昂贵，现在卖 VCD 和 DVD 的小店比比皆是，内容包罗万象，价钱又便宜，一次买一打足够你看一阵子了。

版权法与盗版

香港的法律明确了九类侵权盗版行为。当侵权行为发生或盗版者被抓获，相关法律会被严格执行。随着媒介的大量出现，查处侵权也变成了家常便饭。著作侵权在香港的关注度不高，主要是因为涉及的金额不大。对于音乐 CD、电影 DVD、电脑软件、电子游戏软件、手表及时尚产品的侵权才是香港社会的主要问题。购买盗版产品也属违法行为，让人觉得讽刺的是内地人来香港买名牌买真货，而香港人却冒险去内地买假货。深圳罗湖口岸的海关官员对于侵权行为的打击相当严厉，会判以重罪。其他国家和地区也一样，如果入境美国的旅客携带盗版物品会被记录在电脑系统的黑名单上。即使你没有因为盗版而受到良心的谴责，也一定不会逃脱法律的严惩。

交通

我们不得不承认，尽管香港的交通状况还有待改善，但经过多年的建设，现在的香港交通十分便捷有序。这里的交通方式多种多样，价格也制定得非常合理，除了少数高峰时段，我建议大家都乘坐公共交通工具。我特别推荐，如果有机会，你一定得搭乘一下世界上最长的滚梯，它位于中环，滚梯直达半山，全长 800 多米，还伴有 135 米的爬行路段。滚梯每运行一段，就会有出口方便你去任何地方，两旁都是店铺，对喜欢休闲购物的人来讲，这简直就是享受，不用走路就可以轻松逛街。

摆渡

香港是一座名副其实的海上之城，它的许多岛屿都被大海环抱着。港岛、九龙、新界之间有许多码头，摆渡不停地在其中穿梭。有一些航线较远的摆渡可以纵深到中国南海内的许多外岛及中国内陆。

无论你有没有搭乘过“天星号”，我都要建议你坐船去一次外岛，因为那绝对是一种难得的经历。现在的摆渡要考虑安全问题，所以只允许搭乘旅客，以前它是可以

运送陆上交通工具的。

如果去较远的地方如澳门，就要乘坐喷气式快船，既迅捷又安全，途中还可以欣赏美丽的海景。至于喷气船的速度为什么那么快，有人曾经告诉我，它的发动机是由喷气式飞机的发动机改装的。倘若你需要坐长途船，那么船上会提供单间，你可以在里面很好地休息。

公共铁路系统和轻轨

过去香港的交通十分拥堵，在大力发展了公共铁路系统（地铁、轻轨等）后，情况明显得到改善。2001 年时平均每天就有 2300 万人次依赖公共铁路系统解决自己的出行问题，其中有 322 700 人搭乘轻轨。经过多年的完善，铁路系统发展得更加现代化、人性化，使人们在享受舒适的同时，效率也大大提高了。由于政府监管得力，车厢内没有人抽烟和吃、喝东西。再加上在地下时没有手机信号，致使车厢里安静很多。火车与轻轨的中转站在新界，而列车最远可以纵深到内地边境。无论火车还是轻轨线路都是精心设计的，彼此衔接紧密，可以到达任何你想去的地方。

有轨电车和山顶缆车

有轨电车在香港有着久远的历史，第一部有轨电车投入使用是在 1904 年港岛的北部。今天仍在使用的双层有轨电车只有 161 部，每天依然沿着海岸线东来西往。2000 年时，它一天接送的客人能够达到 235 221 人次（旅游中心现在就陈列着一辆退役的有轨电车，十分抢眼。我相信很多游客都上去参观过）。

总体来讲，有轨电车十分方便，它横跨市中心。只要你不在乎拥挤，乘坐这种历史悠久的交通工具会带给你许多乐趣。要想进入这个活动的小古董，你必须从它的后

香港地铁

香港的双层公交车

门进入，然后慢慢地跟随下车的人流挪动到前门，车费在前门自觉交纳。由于所经过的街区都是繁华地段，所以在车上你可以欣赏到最实在的香港景象。一家家生意红火的店铺，摩肩接踵的人群。如果有可能就登到电车的二层去，上面的视野更宽阔。只是身高高过 1.8 米的人得三思，若上去了没有座位，你就得一直弯腰站着。

山顶缆车其实样子跟电车差不多，只是它是靠缆绳拖动的。它的路线是从城市花园路出发，直达维多利亚山顶。它曾经最大的股东是嘉道利家族，而它的所有权归香港上海酒店。随着缆车开始运营，山顶的经济也日趋发达，这也不奇怪，有谁舍得错过这个难得的体验呢？你可能很难想象，缆车每天要在 45° 的陡坡上缓行 373 米，由于坡度过大，车上看到的大楼都是倾斜的。

我建议大家在乘坐缆车爬坡的时候，坐在车体的右后方，而下行的时候坐在相反的位置，即车体的左前方。大家别害怕，这么说不是因为乘坐缆车很危险，其实自从 1888 年投入使用以来，缆车几乎没有什么事故，除了有一次一个男孩捣蛋，趁缆车行驶的时候偷偷扒在了车尾上，险些闯祸。现在缆车真的都是祖爷爷辈的了，但这个“古董”每天还不停地接送 9000 人次来往于山顶。

双层巴士与小公共

在香港 6000 辆公共交通工具里面，90% 以上是双层大巴和空调车。大巴平均每天要搭乘高达 7 位数的乘客。大巴最初是在伦敦的约克夏里兰德汽车公司制造的，只有红、蓝两种颜色。后来，陆续有德国和日本生产的大巴车进入香港市场，车体的颜色则多为亮色，并且周身画满广告。

车站的安排十分科学。老的车站还安设了排队围栏以便维护上车秩序。新车站没

香港的双层巴士

香港海洋公园的游乐场

用八达通卡坐车

如果需要乘坐交通工具游览，购买一张八达通卡最合算。在香港用八达通卡乘车是一种不用现金的乘车方式。只需上车时在扫描器上碰触一下已经充过值的八达通卡，下车时再碰触一下就行了。更好的是你都不用把它从手提包或钱夹里拿出来。车费会自动从卡里扣除，十分便捷。八达通卡可以在地铁还有九龙至广州的火车（KCR）上使用，还可以在公共汽车、电车（包括太平山顶的电车）和渡船上使用。最近，八达通卡的使用范围扩大到了超市、便利店、自动贩卖机，甚至在一些娱乐场所也能使用。比如，海洋公园。你可以在任何一个地铁站里通过机器用绑定的银行账户给八达通卡充值。当达到一定金额时就会被封顶。记住八达通卡是不记名的，如果丢失了，谁捡到都可以用。

有这些护栏。香港的道路狭窄，有很多急转弯是出了名的，所以有很多第一次搭乘双层巴士的乘客，尤其从上层下来的乘客都大呼刺激。

由于路况的特殊性，有些路段根本无法行驶双层巴士或者大型公共汽车，所以在这些路段最常见的公共交通工具就是可以搭载 16 至 18 人的小巴。小巴有两种颜色，它们都是米色的底色，配以绿条纹或是红条纹。红条纹代表巴士是私人所有，所以司机一般都可以更随意地停车以便乘客上下。而绿条纹是属公司或政府的，它们的车站是固定的，车子的路线写在车窗前，上车之前一定要看好，以免坐错。

香港上环的公共汽车

小巴司机相对来说更加友善，但是车子的卫生条件较差。小巴停靠的灵活性大，所以希望搭乘的时候一定要看清楚了，主动招手示意司机，同样，下车的时候要提前告诉司机，否则就会错过站。建议你上下车的时候对司机都客气一点，给他留一个好印象。这样司机就会记住你以及你上下车时的车站。每次经过的时候他都会主动为你停靠站。

出租车

出租车的颜色是这样划分的：新界车身——明绿色，九龙和港岛车身——深红色。

由于出租车驾照数量有限，所以考取一个出租车的驾照十分麻烦而且费用高昂。在我们的意识里，都认为出租车是由一些出租公司统一管理的，在香港则不然。车子多数属于个人，车主白天自己开，晚上就将车子租出去。当班的司机会将车开得飞快。他们基本都是兼职，白天做完其他工作后晚上兼职做司机。这些老派、精明、富有生活智慧的出租司机在和你侃大山时会提供大量信息，无论是政治形势还是全国乃至全世界的经济走势，他们都津津乐道，同时还很搞笑，这也是香港引以为傲的一大特色吧！

香港的出租车

香港出租车的收费都是以里程计价的，所以不用担心被骗。计价器都安装在车轮的位置，通过计算轮子转过圈数以确定行驶的里程。现在有些司机钻空子，将车轮的尺寸减小，增加自己的行驶路程，奉劝大家上车之前看好车子的轮胎尺寸。要是打车的时候遇上堵车，那就算你倒霉了。香港规定，交通滞缓时，出租车每分钟收取1元港币，所以堵车时就干脆下车自己走吧，要么车费会吓你一大跳。

身为一个外国人，打车之前最好请自己的中国朋友或者本地的朋友帮你把要去的目的地用中文写在纸上，尤其在晚上，因为司机可能根本听不懂你的描述。要不然就跟朋友学一两句简单的广东话，像向左转、向右转、一直走等。

还要特别注意的就是，司机之间互相交接车子的时间都集中在下午3：30~5：00，最好避开这个时段，以免耽误你的事情。

香港还有一个非常有意思的现象，下雨的时候，街上的出租车就没影了。你要是想打车就得提前给出租车公司打电话预约；如果还是叫不到，那就得靠加钱吸引他们了。我曾经为了叫到一辆出租车把车价加了一倍，你们可想而知，我多花了多少钱。其实这也不能怪他们，就当他们具备高超的商业头脑吧，懂得随行就市。

自驾

香港的驾照很贵，建议大家如果在自己的国家已经考取到，就不要在香港以初学者的身份重新考取。只要通过香港当地的交通规则考试就好了。

驾照是由交通部门颁发的，领取过程很严谨，就像领取你的身份证一样。在香港注册的有驾驶资格的人多达 1 312 886 人。触犯交通法规将受到严厉的惩罚，有些违规可以取消你终身的驾驶资格，所以一定要小心、安全地驾驶。

香港的交通状况比较拥堵。每平方千米大约就有 300 辆车，要是你赶上一个高峰期驱车上路，那就得打起十二分的精神。因为所有的司机都急不可待，只要有机会就加塞到你的前面，要是你以低于常规的速度走在路上，其他车辆的左右穿插就会将你搅晕。

香港购车

很多北美来的居民都有这样一个观念，没有车就没法生活。英国和欧洲的人对车没有那么强的依赖性。而在香港，车已经超越了作为一种交通工具的基本价值，它更代表一种身份和地位。为什么这样讲呢？

首先，香港的汽油贵得出奇，每升 16.56 港元（2013 年 5 月），另外每月需交付物业约 2000 港元的停车场租金。幸运的话，你的公司会为你报销在公司上班时的停车费。除此之外，在这城市里，季度停车费也得花一大笔钱。而且许多停泊的地方还有时间限制，稍有不慎就会被交警处罚。再加上交通拥堵，如果你想买一辆车的话，可得考虑清楚了！

在香港购车，可要考虑昂贵的汽油和停车费

对居住得较偏远的人来讲，有一辆车确实能带来许多便利，节省许多时间。它还能大大提高你的生活品质，只要条件允许，我想谁都会渴望拥有属于自己的车。

对外国人来讲，尤其是来自北美的朋友，倘若他们自己的亲属、朋友、同事来拜访，希望你们最好还是开自己的车去接送他们。这样你只要提前了解机场和自己住处之间的行车路线和距离就可以了，省得自己还没有分清东南西北，就莽撞地扎进香港庞杂的市区里去，那结果一定是乱上加乱。

香港是世界上税率最低的地区

金融

香港堪称是世界上税率最低的地区之一，平均税值约为16%。因为这里不收取资本利税，所以在这里炒股或投资期货的任何收益都属于你自己。然而所有财产类交易的印花税是强制征收的。香港以每年的4月1日开始到次年的3月31日结束为一个财政年度。无论你来自哪个国家都有权选择按本国的税率交付税金，如果自己国家的税率比香港的高那么只要办理一个课税扣除就可以了。在个人所得税方面，香港也有自己的先进一面。美国税收政策规定，美国居民无论在什么国家生活、工作都必须交付个人所得税。而香港规定，香港居民如果生活、工作在外国，个人所得税可以减免。这种政策颇具优越性。

银行开户

香港境内开办的外国银行已超过100家，大部分外籍人士很容易找到自己国家大众银行的办事处。只要填写好一张申请表，就可以支配在国内的存款，当然想使用跨国转账的业务就得交付昂贵的服务和管理费。当你拥有了固定住所，凭借住所的租赁合同或购买证明及你的护照，就有权在香港开设一个本地账户了。香港不同银行有不同的政策，有的开户都不需要基本保障金，所以一定要根据你的具体情况选择适合自己的银行。有一点希望大家注意，千万得申请ATM卡，香港有许多自动取款机，有了它，身上不用带太多现金也会十分方便。

小结

来香港之前最好在家做一些了解香港的功课，到了香港就一定要有积极开放的心态，这样你就有足够的信心去接受新的生活，面对新的挑战。总而言之，我们将过怎样的生活并不重要，重要的是面对生活给我们的全新挑战，我们将如何选择。

香港旺角街景

第六章

饮食与娱乐

“生活中一个成功的小窍门就是吃你喜欢吃的东西。让食物本身优胜劣汰。”

——马克·吐温（1835—1910）

吃在香港，品尝各色美食是香港吸引游客的重要原因之一。

你可以独自去餐馆品尝美食，也可以约上三五个好友，即使他们不会说粤语，也不会有任何问题，因为他们可以通过餐馆提供的英文菜单来点菜。在这个地方待上一阵子，耳濡目染，你或许能学会一些简单的粤语，当你去那些远离市区的偏僻的餐馆就餐时，它们就能派上用场了。无论在哪里，只要你能简单地说上几句，哪怕只是些客套话儿，你就会受到热情的接待。香港人也许会被你生涩的发音和语调逗笑，但他们心里会十分高兴的，因为你在尝试学习他们的语言，这说明你很尊重他们并愿意与他们成为朋友。这样做不仅能使你与当地人进行直接的沟通与交流，而且不论是在商店、餐馆或任何你想去的地方，你都会受到更加热情和亲切的接待。

外出就餐

香港人外出就餐可能比世界上任何其他地方的居民都要频繁。在香港有超过 3 万家餐厅供应着各色美食，像法国菜、意大利菜、地中海风味、印度风味，还有韩国料理和日本料理，总之只有你想不到的，没有你吃不到的。这里还有各式各样的烹调的学校，教授粤菜、川菜、上海本邦菜，甚至连少见的西北风味新疆菜都有。美食的价位也是丰俭由人，选择余地很大，有让人咋舌的天价，也有便宜到每人消费不到 20 港币的快餐。庆幸的是，大多数餐厅的价位属于中档水平。如果你想找好吃不贵的餐厅，有一家叫“吉米的厨房”的老字号味道不错，它的分店遍布港岛和九龙。

香港的大排挡

最近十年间，很多生活水平较低的家庭他们的收入有了实质性的提高，逐步转入中等水平。虽然他们的收入还不足以购买奢华的轿车或者支付出国旅游，但是足够支付经常外出就餐的费用了。在香港，一部分人过一段时间才会外出就餐一次，比如，举办生日宴会或者为了其他的庆祝活动，还有一些人则是一日三餐天天在餐馆吃。香港的父母一般不需要根据小孩的作息时间来安排自己的时间表，所以在平时工作日的晚上，你也会看到全家外出就餐的情景。

美味西餐牛排

中西合璧

香港西餐厅的数量之多反映出了这个城市的世界性和多元文化的特点。那些来往于这个城市从事国际贸易的青年男女，在他们眼中，除了侍应生的东方脸孔之外，香港的餐饮业带给他们的是宾至如归的感觉，完全没有饮食文化上的差异和冲突。

虽然西餐在欧美各国可能会做得更地道，但香港主厨们的手艺也是毫不逊色的。多年以来，口碑一直不错的西餐厅有半岛酒店的凯帝思法餐厅、文华东方酒店的文华扒房，当然也有一些后起之秀，像港岛香格里拉酒店的皮特鲁斯法餐厅和君悦酒店的米芝兰意大利餐厅。这些餐厅无论在菜肴的质量、服务和环境，甚至葡萄酒的口感都是一流的。事实上，无论西餐还是中餐，各个酒店都使尽浑身解数去吸引食客，这种良性竞争使我们消费者获益颇多。除去星级酒店之外，也有为数不多的几家餐厅经营西餐，像位于跑马地的“Caf é Damigo”和位于上环的“M at the Frige”，他们的口味独特且宾客盈门。虽然最近几年来所有餐厅的价格都有所上涨，但是很多餐厅都供应经济实惠的套餐，这样的选择既不会让你丢面子，也不会让你因为多花了钱而心疼。

对于香港的工薪阶层来说，快餐已经逐渐成为一种时尚。那些原来对番茄、奶酪没什么好感的香港人，现在也居然吃起了比萨饼，还有热量超高的炸薯条和汉堡包。这种对西式快餐表现出来的好感不仅仅体现出香港人的时尚，同时也说明他们确实喜爱这些便捷且可口的食品。尽管像三明治这样的洋快餐不能替代米饭和面条成为餐桌上的主食，可作为佐餐的小吃它们是不可或缺的。酒店的自助餐，从日式鱼生、清蒸龙虾和螃蟹到辣咖喱、点心和蛋酥卷，应有尽有，让人眼花缭乱，不仅挑逗你的味蕾还惊艳你的神经。要想吃上这样一顿大餐，至少要提前好几天预订哦！

鱿鱼面

中餐馆

香港的粤菜馆口味都很不错。无论餐馆的规模是大是小，等级是高是低，饭菜都很可口，有的还很不错。许多餐馆吸取了新式菜系的风格，按照西式的审美观念装盘。还有一些餐馆已经不再往菜里加味精了。味精是一种提味儿的化学制品，是导致头痛和肢体颤抖的中餐综合征的罪魁祸首，有关这些症状的传言在欧美国家被大肆宣扬过一阵子。你可以告诉服务员不要在菜里放味精，厨师大多也乐意这样做，因为从日本进口的味精很贵。另外也要注意别让厨师放鸡精，因为鸡精是味精的替代品，如果你看看鸡精瓶上的主要成分，就会发现第一项就是味精。

有一家新开张的粤菜连锁店，价位适中，虽然不放味精，但是味道极好。最有名的是它的汤和砂锅。实际上，餐馆的名字是“Ah Yee Liang Tong”，字面意思是二姨太靓汤（Number Two’s Terrific Soup）。Shirleen Ho 为我们讲述了靓汤背后的故事。Ah Yee 是第二的意思，是对情妇委婉的说法，他的正房太太叫大太太。他去看二房太太的时候会用餐，但是如果吃得太饱，他的食欲就会不如平常，正房太太就会怀疑他在哪儿吃过东西了。如果这样的事常有发生，他的大太太就会发现他在外面一定还有别的女人。因此，他只能在二太太那儿喝点儿汤，二太太就自然而然地会做一手好汤了。

外来的定居者喜欢去几家比较大的北京餐馆，虽然那些地方吃饭环境嘈杂，但是价格很合算。这些定居者们还喜欢去川菜馆，这些川菜馆的菜单和那些纽约东部的川菜馆的菜单几乎一模一样，这些餐馆都不错，当然你也可以尝试其他口味的。

经典粤菜家庭菜谱（价格适中）

菜是一次上齐的（一般菜的数量和就餐者的人数是相等的）：

■每日例汤

■烤肉切片拼盘：鸭肉、鹅肉、猪肉、海蜇

■无刺鱼片加蔬菜

■炸鸡

■猪肉做的菜——甜酸味很重

■青菜豆腐或虾仁豆腐

■米饭

■甜点是新鲜的果盘，或者用豆子、芝麻和花生做的汤，里面加了好多好多糖，让甜品特别甜（甜品译成粤语的意思就是“甜盘子”）。

粤菜

经典粤菜宴会菜单（价格昂贵）

下面的菜品每次只上一道：

■脆皮乳猪

■百花酿蟹螯或整虾

■全龙虾沙拉

■鱼翅羹

■鲍鱼

■牡蛎酱汁蘑菇

■炸鸡

■蒸鱼

■蔬菜

■炒饭及面条

■甜品及果盘

学会使用筷子

你应该尽早学会使用筷子吃饭。虽然餐馆会提供刀叉，但除非你得了关节炎，否则很难解释香港人为什么不太会用筷子。学用筷子其实很简单，就像学骑自行车一样，一旦学会了，就永远忘不了。然而，安全要比说抱歉来的重要，除非你已掌握了用筷子吃饭的技巧，否则你还是用西餐的刀叉吧。

西餐厅

就餐礼仪

你的中国朋友和商业伙伴很少在家里请客吃饭。除非他们家的面积很大或是有个好厨师，一般他们会请你去香港有名的中餐厅吃。有些餐厅还有私人俱乐部。他们之所以不请你去他们家里，倒不是因为不欢迎你去私人的地方，而是他们怕丢面子，怕你不喜欢他们家，或是觉得他们家太寒酸。

如果你想请客吃中餐，最好是在家常菜餐厅，那里的环境气氛没有那么拘束，而且口味也比较大众化。一般做东的人都会请客人点菜，这是一种礼貌，但是除非你非常了解请客的人，否则还是请他点菜为好。这样一来他就不会选择那些稀奇古怪的菜肴，除非你明确表示喜欢吃鸭舌或海鲜刺身这类的东西。如果你确实对某种食物过敏，一定要说明，而且无论别人如何推荐，都不要轻易去品尝。所谓家庭式的大众餐厅就是所有的菜都放在餐桌的中间，不是分餐制。每个人都自己夹菜，有时做东的人或餐厅服务生会为你夹菜。

当你和全家人或一大群朋友一起去这样的餐厅就餐时，有时会由于距离太远而出现夹不到菜的尴尬场面（当然如果你是小孩子，大人们就会帮你夹菜）。更让很多人都无法接受的是，在每个人口中进进出出的筷子会直接接触到我们所吃的食物。

不过从2003年“非典”疫情暴发之后，按照新的卫生标准，这种亲密的、不分你我的家庭式就餐方式逐渐被取而代之了。餐厅会为食客们另外提供一双用来分菜的筷子，也就是我们常说的公用筷子。为了区分，公筷的颜色一般不同于个人手中的筷子。有了这样一双筷子就连离你较远的菜也可以用它夹到。

餐厅里的大多数食物的大小都很适合直接入口。但有时你也会因为食物太大一时无法吞咽下去，只要你不把它重新吐回盘子里就不算太失礼。告诉大家一件我的尴尬事儿吧，虽然使用刀叉和筷子都难不倒我，可至今我还不知道如何拔出夹在我舌头和牙齿之间的鱼刺呢。

私房菜馆的赴宴礼节

有时有人会邀请你去私房菜馆赴宴。私房菜馆顾名思义该餐厅只为你们一行来吃饭的人服务，不接待其他的客人。在这样的私房菜馆就餐你会发现，菜品是宴会级的，丰盛至极，但每道菜的菜量较少。菜肴都是提前从特殊菜单上预订好的，价格相比普通餐室那绝对是贵得多。在广东菜中鱼翅是必不可少的，还有全蒸石斑、鲍鱼，这些招牌菜就像北京餐馆都有烤鸭和卷饼一样。

私房菜馆强调服务和私密性。除了茶水之外，餐馆一整晚都会向客人无限量地提供上乘的白酒、苏打水或鲜榨的橙汁，除非你告诉服务生你不再需要。伶牙俐齿的销售人员会向客人推荐纯净水，大力宣传这水是有益健康且适合所有人群饮用，他们甚至告诉你，患心脏病的人最适合喝这种水。但其实没有必要，纯净水哪里都有，何必花高价在这里喝，你索性点一杯白开水了事。

请客的人大多会自己带上一瓶白兰地酒，为的就是保证品质。在私房菜馆里，很多客人有自己专属的酒瓶，这既代表他是常客，也是身份的象征，说明是重要客户。香港应该算是除法国以外白兰地消费量较高的地区之一。XO 是一种上等的白兰地酒，红酒在餐桌上也越来越受到人们的欢迎。

饭桌上讲究很多，地位高的人一般都坐在离门口最远的地方。男性和女性如今可以坐在同一张饭桌上用餐，在从前这可是禁止的。习俗规定，男女是不能同桌吃饭的，甚至同屋用餐都不行。现在你和你的妻子可以并排坐在一起，这在以前可是不敢想象的。

西餐鳕鱼配意大利面

主人会坐在离门最近的地方。餐桌多是圆的，中间的旋转餐盘可以让食物轮转。服务员上菜时都会特

鲜榨橙汁很诱人，但压榨时间需要 15 分钟，所以这样的橙汁上到餐桌上时维生素几乎已经没有了，剩下的就只有糖分了。

去私房菜馆就餐，菜品一般会在 10 道左右，除非你都特别喜欢吃，否则没有必要一一品尝。

新鲜橙汁

意将菜平分到各个小盘里，摆在每一位客人面前。参加中餐宴会的客人很少有人会觉得吃不饱，为了避免吃不饱的情况发生，餐馆通常都会将最后一道菜的分量加大，但同样可口。用餐完毕，服务人员会在餐桌中心放一瓶鲜花，它的功能就是提醒你该起身离席了，饭后一般不要多作停留。

用餐时，每次服务员只会上一道菜。主人拿起筷子说“请用吧”，客人应该起身举起酒杯说“谢谢”,之后再开始用餐。

孔子教育我们的话很有道理,就像孔子他老人家说过“食不言”，如今成为家长们教育孩子的真理。满嘴食物时最好还是别和他人聊天，说话的时机一般掌握在上菜的空隙时。你毕竟是主人邀请的客人，所以在与主人相互介绍或与他人攀谈时轻松随意一点，不用像在办公室时那么严肃。但也不能太过分，细心观察你就会发现一般都是长者或领导才与他人开开玩笑，谈笑风生。如果你资历尚浅，最好不要随意说笑，当然人家主动寒暄也别冷脸相对。攀谈时尽量别聊敏感话题以免破坏气氛。身为外来者，我建议你最好别说半吊子的广东话，在一大群当地人面前大侃粤语会使人觉得你故意卖弄，

诗一首

这是一首描写广东人大宴宾客的诗，十分生动、有趣。作者亨特尔，是一个在广东做生意的西方商人。他曾被一位中国商人邀请到家中吃饭，饭桌上丰盛至极。他对一道菜没吃完另一道又端上来的架势感到异常惊讶，甚至有些害怕。这首诗后来被发表在《广州番鬼录》(伦敦，1882)上，广东话把洋鬼子称为“番鬼”，书中主要描述了《南京条约》签订之前20年间外国商人在广东的活动情况(1825—1844)。

中餐早茶虾饺

菜肴满席，丰盛无比。
眼花缭乱，无从下嘴。
集尽广东奇珍，专为贵客享用。

没有人动筷子，气氛肃静，
忽然喧闹，原来贵宾莅临。
贵客为一鬼佬，叽里呱啦一阵寒暄。

东吃一口，西尝一块，
一些不知名的食物，
一点都不合胃口。

主人殷勤地为贵宾布菜，
希望他能好好享受美味佳肴，
然而客人好像并不买账。
最后客人发誓再也吃不下了，
他说：“是魔鬼送来了这些大鱼大肉！”

突然，他眼前一亮，
这道菜似乎有所不同，
看起来似是鸭肉。

垂涎欲滴，欲尝之，又恐不是，
回身问旁人，不知如何表达，
只好“嘎嘎”地叫起来。
旁人顿悟，摇头示之，
继而躬身，“汪汪”犬吠，
原来此菜乃狗肉也！

看到菜里有菊花瓣的时候，建议你特别注意一下这道菜，因为菊花瓣一般都放在蛇汤里。冬天蛇汤被人们认为是滋补的上品，它无毒，对身体无害，价位适中且味美，所以主人如果邀请你品尝蛇汤没有必要拒绝，拒绝会略显不礼貌。

西式饮食西餐糕点

除非你确实精通粤语或是主人、长辈主动以粤语问候，否则尽量少献丑。在这种用餐环境中千万别喝太多酒，不是酒量大就能说明你是男子汉。

宴会菜单

首先，中餐餐桌上的每道菜对外国人来说都是满新奇的。尝过之后，或许有的菜的味道你接受不了，但你肯定会喜欢上其中一道菜的。中餐菜肴的样子都很漂亮，所以吃之前可以先欣赏一下菜的造型，然后再埋头品尝。中餐很好吃，有些吃过的朋友甚至觉得能够回味几年。就像我现在偶尔还得吃上一顿北京烤鸭解解馋，糖醋里脊这种酸甜口味的菜对我来说简直是百吃不厌。

香港最有特色的菜莫过于鱼翅和烤乳猪了（整只小猪，有头有尾），如果看到一个个椭圆形棕色的东西装进盘子那一定就是鲍鱼了。如果你不喜欢吃它筋道的口感，一定不要犹豫说出来，这东西一个要上千元呢，只要你原封不动地把它放在盘子里就好了。我想主人一定会理解你的“不喜欢”，香港的菜单都是中英文双解的，很容易就可以找到适合你口味的菜肴。

香港的传统饮食店：茶餐厅

“饮茶”从字面意义上理解是喝茶的意思，在这里，好像更着重体现一个“饮”字。

中国有着上千年的品茶历史，自然对茶艺有着深厚的理解，像他们经常使用的一种不漏水的茶壶就可以折射出他们精湛的技艺。当今世界上咖啡、苏打水、可乐等一些软饮已经十分风行，但对茶的钟爱却没有减退。古时茶馆主要提供不同种类茶叶以供品尝，而茶点多是瓜子和带皮的花生。小吃进入茶餐厅最先出现在广东，发展到现在，种类更加丰富，所以现在的茶餐厅更像是一个甜点店。甜点当然不能代替主食，因为这里的甜点主要就是在面包坯里夹一点肉或蔬菜，便于食用。在香港人眼里“饮茶”与“茶点”是没有什么区别的，真要从字面上深究，那它们的区别就是一个重“饮”，一个重“吃”。

在茶餐厅用餐的时候你会发现茶餐厅的点菜效率非常高，女服务员会在餐桌间推着手推车叫卖点心。老顾客一般都直接招呼服务员点他们喜欢的点心，时间长了许多客人都与服务员熟悉，直接给服务员一个手势，他们就知道顾客想吃什么，这种叫卖方式使茶餐厅的用餐环境十分轻松、休闲。当然在每张餐桌上也有菜单（通常是双语的），上面有详细的餐点信息，顾客只需要用笔勾画出自己中意的食品即可，着装统一的服务员会时不时来到您桌前取单上菜。茶餐厅里的点心都很好吃，而且做得非常精致，外加取食方便、气氛轻松，所以十分受欢迎。但随着茶餐厅的普及，菜价也跟着上涨。香港的茶餐厅是休闲之地，在那儿你可以获得很多商业信息，有时也是交易的场所。有些茶餐厅是由某个行业和职业的人经常光顾的，如地产商就喜欢在 LUK

香港的蛋挞很出名

月饼与茶

YEW 茶餐厅喝茶，每天都有一张桌子是给他们预留的。这就是为什么散客一般在下午 2：30 之前找不到空位的原因。

中国人做生意在洽谈的时候不需要有法律机构在场，而是在非正式的场合边喝茶边吃点心，同时谈论双方都感兴趣的事。在这种场合下，双方互相了解，生意就做成了。随着年青一代的职业经理人的上任，这种老套的做生意方法已经快不流行了。

香港美食大会

也许品尝世界各国的顶级美食和中国美食最便捷、最便宜的地方要属洛杉矶美食机构在香港开设的美食大会了。多亏了希尔顿酒店，香港港丽酒店和万豪酒店的慷慨解囊，美食大会同时也是每年备受瞩目的筹款活动之一。

有超过 20 家酒店和餐厅都支持自己的厨师用他们精湛的技艺和美味佳肴为协康会作贡献，给残疾儿童筹款。2000 年，澳大利亚、奥地利、法国、德国、意大利、日本、新西兰、瑞士、泰国、美国加利福尼亚以及中国广东的厨师都参加了美食大会，这些厨师把自己国家的菜肴展示给大家，这真算是世界级美食的集锦，你可以吃个心满意足。

当地分销商提供了香槟、红酒、矿泉水、浓咖啡和其他多种多样的饮品。这其中包括一位就读于哈佛大学的香港华裔建筑师，一位在维也纳受过训练的奥地利籍律师。他们用自己独特的方式为与会者提供饮料，为这个活动增添了一份欢乐的气氛。赞助商们在大厅里随心所欲地品尝着各色美食。如果你想让某位厨师为你和你的朋友在家里做顿饭，您可以在竞价拍卖时出高价聘请厨师，这也是美食大会活动中的一项。这一大型的公益慈善活动是对公众开放的。可惜的是，希尔顿酒店已经被拆除了，取而代之的是另外一栋办公大楼。因此现在美食大会每年都会更改举办地点。

小结

当你越来越了解香港和香港人，你会发现外出就餐不仅仅是为了满足口腹之欲，同时还是一种享受和社会体验。另外，品种繁多的地方风味和各大菜系的美食更是让你的用餐其乐无穷。

在香港就餐很愉快

香港每年都举行龙舟赛

第七章

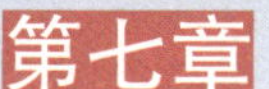

休闲生活

“如果整天忧心忡忡，我们的生活将变成什么样？我们会没有时间驻足、冥想。”

——戴维斯·亨利·威廉（1871—1940）

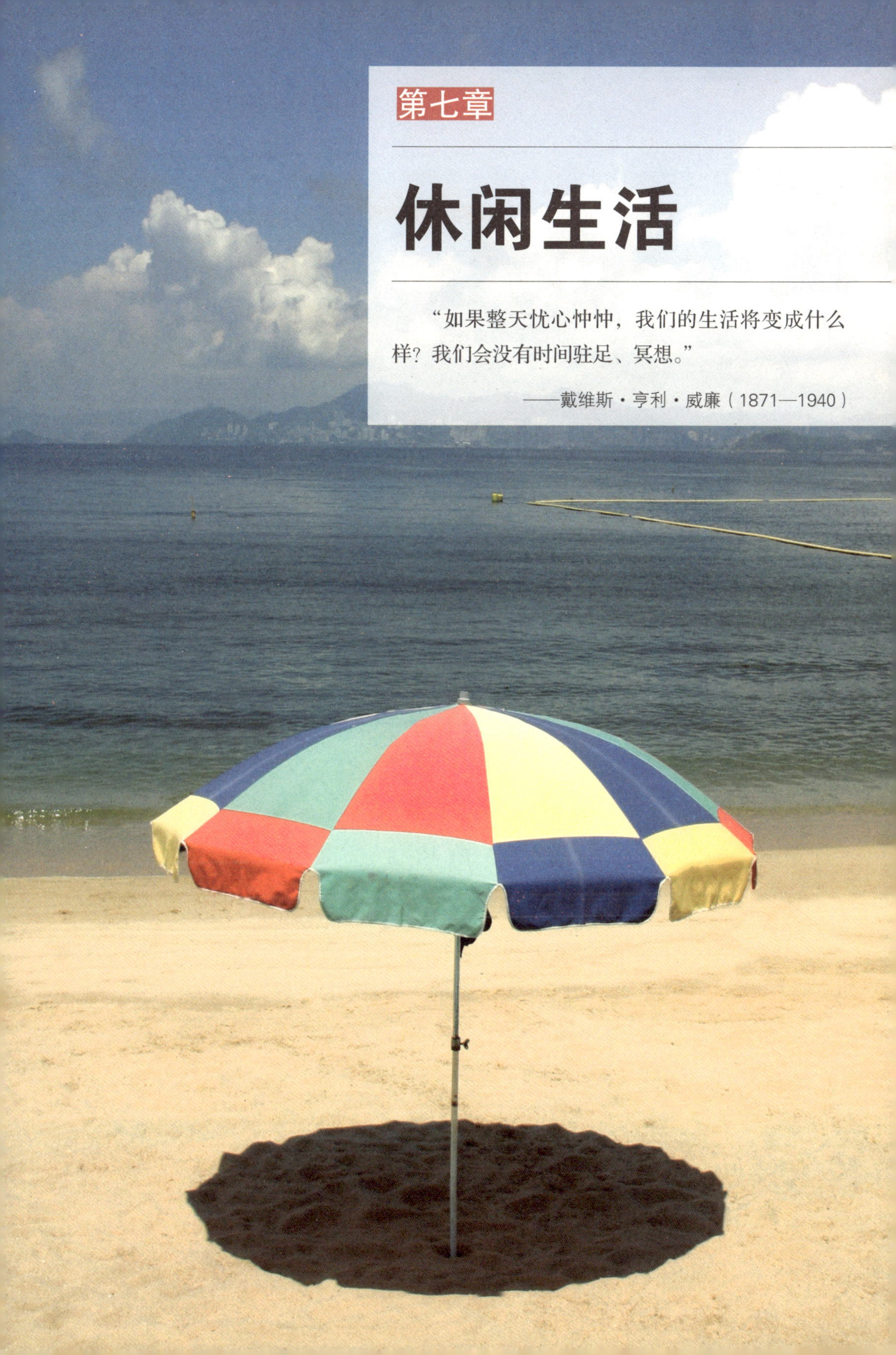

香港购物

在香港，购物不再是简单地搜寻便宜货、冒牌货，或者淘一两件中国古董。事实上，这里几乎没有值得买的便宜货。但对于香港本地人却不同，只要他们愿意花时间和精力，可以找到任何他们需要的东西。也许你不能轻易地买到一打栗色浴巾，但却可以在三四家特色食品店比如 GREAT、Olivers、Citysuper，甚至随便一个街边小超市买齐所有圣诞水果蛋糕的配料。

香港的服务水准，特别是游客光顾的地方，在过去的 10 年有了很大的改善。尽管这样，态度冷淡的售货员仍然随处可见，除非他们不知何故地觉得你会在店里慷慨地开销一笔。由此可见，日本游客和大陆的暴发户理当是这里最受欢迎的冤大头。如果你不喜欢看势利的店员的脸色，索性就在店外散步。另外，如果你最中意的那家店没有开张，不要放弃，最终你一定会找到对你有求必应的店员并买到你想要的货品。店员通常是女性，她们身着统一制服，收入很低。如果不能找到一个服务令你满意的店员，可以要求直接见店长。

同样，香港也会有奸商。如果发生买卖纠纷可以通过消费者协会维护权益。避免麻烦的最好办法就是找一个朋友带你去他经常去的店，无论你买的是相机、传真机、手表还是钻石项链，有了这种已经建立的信任关系就可靠多了，你可以放心地买到价格公道、名副其实的好东西。

大型购物商城

如果你经常逛街，那么逛香港的大型商业区会让你有在家乡逛街的感觉，不过这里的商业区又有着独特之处。商业区内有餐厅，包括麦当劳以及许多品牌的快餐厅；

香港时代广场内景

品牌专卖店；各种特色商品店，商品的风格更加国际化。高级商业区的出现，如利舞台广场（Lee Plaza）、置地广场（Landmark）和铜锣湾（Pacific Place），使市场上的高档商品比比皆是，也提升了老商业区，如海港城海运大厦的档次。香港还有其他商业区，如又一城（Festival Walk）、太古广场（Taikooshing）和时代广场（Times Square）。这些地方的商品考究，价格昂贵，以满足少数人高消费的要求。商业区设有专门的室内空调游乐场供家庭在节假日来消遣，特别是在气温很高或连日阴雨的天气里开放。商业区还经常在午餐时间及周末特别为购物者、观光游客举办展会、演奏会、时装秀。太古广场（Taikooshing）甚至夸耀自己拥有一个溜冰场。

街边小铺和折扣店

香港到处是生产厂家的直销店，不过你要睁大敏锐的眼睛，作好从一大堆次品中挑选中意东西的准备，而且同时还要忍受摊主警惕的眼神。如果你知道你想要的是什么，知道你喜欢的品牌，那么这里的价格还是很诱人的。赤柱（Stanley），这个特别的廉价品交易市场让初来此地的观光者格外兴奋。行规允许讨价还价，然而面对一个精明的女老板讨便宜，你就不要期望过高。行规同样规定你在任何时候都要到正规注册的店铺购物，因为路边摊不合法，他们多数卖的是冒牌货，你和他们交易的时候一定要慎重，因为一旦付了钱，就不可能退货。旺角（Mongkok）的女人街、花市和玉石市场对热衷砍价购物的人来说是最好的去处。

古董、纪念品和二手货

香港的中国字画、古玩珍品市场鱼龙混杂。在这里买真品必须有一双慧眼，要不然就请一位行家为你鉴别。通常你能淘到的好东西大部分是出口转内销的，这些东西都是在中国制作，有的出口海外，有的是为生活在中国的外籍人士定制的。

香港旺角的女人街

古董木制品

这是一家中药店。你只需告诉他们你得的是什么病，他们就能给你开出相应的药方。这些药方通常很有效，因为这都是几百年来一代代传下来的老方子了。在任何商业区或高档的场所，包括酒店里的商铺，都有古董经销商，但是如果你想体会新奇和浪漫的感觉还是去好莱坞道（Hollywood）淘宝吧。若有什么 1 世纪甚至更久以前制造的东西被认为是古董的话（美国顾客这么认为），那么从新石器时代的瓷器到晚清的家具，在香港多如牛毛。想得到精巧雅致的东西就到好莱坞道上的古董市场（Honey Church）去看看。无论如何，谨记物品的年代和价值没有绝对的联系。那里甚至有很多貌似古董、标志为珍品的仿冒品。切记旅游协会的忠告：只在带有 HKTA 标志的店铺购物，至少这里的古董经销商不会在你看中的东西的年代和价值上做手脚。

真正的行家不会凭一时冲动买古董，每次的买卖都会经过无数回合的商谈认证才能成交。当然，商谈的内容不包括物件的来路和价格。真正的古董也许没有你想象的昂贵。当然，稀世珍品的价钱也一定不是你我这样的普通人能企及的，这些珍品会在克里斯汀（Christies）或索思比（Sothebys）拍卖，这两个拍卖行在香港常年设有办事处。

中国人对古董的品位不同于外国人，这对你来说也许是件好事。你或许为一件从唐朝的墓中的葬品能引起他们的关注感到奇怪，因为按照中国的传统他们不愿拥有死人的东西。虽然新石器时代的陶罐不再是随处可见，但在香港市场里仍然有很多，价格也可以承受。

在香港的外籍常住居民更偏爱传统的朝鲜柜子，这种柜子确实既美观又实用，它们多数都是手工打造，可以伴随你终生。有时间的话一定要在好莱坞道和云咸街（Wyndham Street）漫步。这里的古董店多半都是家庭自有经营。经营者熟悉热爱店里的每一件器物。热衷收藏的行家里手会把每周六下午的时光都消磨在这里，与他们喜爱的古董店老板套近乎、拉关系。这些经营者中的大多数都会说一口地道的英语，他

们乐于和真正的收藏家分享他们的收藏。买卖偶尔也会发生。

服装

人们对成衣实用性的要求和人力劳动成本的不断提高，导致了香港“服装手工缝纫业”的衰落。当欧洲的设计师还着重考虑制衣技巧、设计理念的时候，香港的裁缝已紧跟他们的潮流开始独立制作，为客户定制服装。

优秀的裁缝有很多，当然，他们的劳务费也很昂贵。这些没有移民到国外的裁缝年事渐高，并且没有更加出色的新一代接班人取代他们。越来越多的精美服装可以在不计其数的精品专卖店和小服饰店以不算昂贵的价格买到，这些特色服装产自亚洲不同的国家；同样，在中国商业中心销售的服装产自中国内地。通常，香港人衣着时尚得体，紧跟潮流。

最近几年，专门为外国人设计的大号服装零售贸易有了长足的发展。当女售货员告诉你，她们没有适合胖人身材的服装库存时，你就无法保持冷静了。因为在粤语里“肥胖”一词既用于形容人也同样用于形容动物，这样听上去极其令人生厌。或者，即使他们有“超大号”，等拿到你手里时，你会发现衣服的大小也就刚好适合你11岁的孩子穿。好啦，不要放在心上，让这种尴尬到此为止吧。适合胖身材的人买衣服的服装店有的是，就是要花些时间找找。另外，找个熟悉这里的人打听一下会省很多事。

香港油麻地社区中心

油麻地：香港传统渔民的聚居地

油麻地（Yaumatei，是目前人气最旺的购物天堂：聚集着鲜花和玉石的市场）这个市场最初是服务于海运船只而形成的平民市场。

1860 年，英国军队保留香港九龙半岛作为军事基地，这种情况持续了长达 100 多年之久。直到 1970 年，当九龙被改造成公园时，怀特菲尔德（Whitfield）军事基地才被分为油麻地和尖沙咀（Tsimshatsui）两个独特的区域。尖沙咀正好地处维多利亚（Victoria）港，这里渐渐演变成名牌店林立的繁华商业区，吸引当地的高端消费者和世界各地的游客。

另外一个是油麻地，相对而言这里就安静多了，这里聚集着大量以船为家的普通百姓，在台风季节，更成为过往船只的避风港。渐渐地这里变成了货船装卸货物的理想港口。一群精明能干、善于捕捉商机的人们纷纷聚集在这里，专门为过往船只提供服务的产业体系蓬勃发展。总之，油

油麻地夜景

麻地靠船为生，为随船舶颠沛流离的人们提供了与陆地保持联系的一块土地。

今天的油麻地是经过两次大规模的改造后呈现的结果，第一次改造从 1887 年到 1904 年，第二次是在 1924 年。弥敦道（Nathan Road）这条主要商业街的建成，标志着该地区已成为像尖沙咀一样繁华的商业区。以中国内地重要沿海城市命名的上海道位于该地区的中心位置。

在 19 世纪和 20 世纪初，油麻地都是简陋的棚户、被遗弃的船只和为船运贸易设置的厂房，那里既是工业区又是商业贸易区，同时还是十分简陋的居民住宅区。许多厂房集中在一起，比如像广东道（Canton Road），就是主要生产手持工具和配件的地方。

那里的店铺和配套设施是为迎合海员和军事基地的军人的需求设立的，有理发馆、杂货铺、裁缝铺、皮匠铺、浴室、妓院、当铺、熨衣铺、铁匠铺、木匠铺、木雕铺，甚至连棺材铺都有。流动小贩在路边推着带顶棚的小货车，为过往的人们提供热气腾腾的廉价食品。

随着时间的推移，渐渐有人在油麻地安家，并且人数不断增加，林林总总的小铺子和人们琐碎的日常生活息息相关，生活用品随处可以买到，如服装、食品、刀具、锅、量具、蒸笼、陶器、中药、干货和布匹。这些店铺占据了上海道的一部分地区，但并没有改变这里工业和商业并存的主题特色。四层、六层甚至九层的建筑不断拔地而起，没有电梯的大厦不适合作为经营场所，它的高层就成为私人居室。设施稍好的大厦里一层有两套公寓，不过这里的房间面积比起海员的小卧室、苦力工人的小单间也宽敞了不少，要是一家人居住就会显得十分拥挤。一项联合国揭示贫民窟的研究显示，大多数住在油麻地的家庭共用冲水马桶、厨房设备，这样就导致邻里间的争吵时常发生。

虽然居住环境恶劣，但当地居民的精神世界很丰富。油麻地庙街（Temple Street）上有很多宗教场所，庙街这条街的名字也因此而来。关于宗教信仰，中国人一般采取不排斥的态度，各方神灵以它们自己的方式没有任何障碍地来到这里。因此，许许多多的神灵占据着每一处祭坛。

油麻地街景

对于依海而居的人们，无论是在海岸线还是在陆地的边缘，天后是他们的保护神，他们乐于在油麻地上的各色祭坛祭拜祈福。

庙宇的设立为人们的崇拜创造了便捷条件，龙王、观音菩萨等各方神圣轮流供奉，在万神殿里供奉的也有来自民间的被神话的英雄人物，比如包公、关公、黄大仙、土地公等，列祖列宗也在其中。唯一不方便的是没有详尽的图式供外国人参考。庙宇周围的做香、烛、油买卖的人，还有算命先生都依赖着来朝拜的香客过活。

另外，在油麻地做买卖的小贩随处可见。特别是庙街，夜市上人声鼎沸，货品便宜，成为香港一大景观。第二次世界大战后，流动商贩才有了固定摊位经营。可想而知，这个自发形成的自由市场，并没有真正的管理者，很多时候都是由社会控制的。

手表、珠宝和小家电

手表

在香港，要买钟表、珠宝、相机、小家电这类东西，首先就要与这类店主熟悉。最好的办法是请朋友把你介绍给他的老关系。你自然就会拿到最实在的价格。不道德的销售商们惯用的伎俩是将过时的产品卖给顾客，甚至将冒牌货卖给没有防范心理的顾客。所以，不要相信“太便宜”，一定要去有信誉担保的店铺购物。购买任何带电源插头的电器都要确认它是否能够全球通用，因为现在国际上普遍使用的是双电压电器。如果居住在日本和美国，就需要特别注意，这两地的电器只适用 110 ~ 120 伏的单一电压。

电脑、电脑软件和电子游戏

各种电脑产品及其配件，包括 IBM 个人电脑和苹果机，在香港都生产。亚洲地区的盗版产地也在香港，无论硬件还是软件都同样具有规模。你一定要在购买这些廉价的冒牌配件之前仔细掂量后果：政府职能部门随时会搜查这些伪造品销售商，一旦发现这种非法交易，就会被处以非常高的罚款。现在，许多在校青少年在课间休息时都是玩手持电脑游戏，取代了以往在球场上的活动。在我们身边，能打三人连线游戏的游戏室随处可见，这引起了教育部门和法律执行部门越来越多的关注。

现金消费、信用卡消费与折扣

笔记本电脑

所有的导游手册都会告诉你，在香港购物时要讨价还价。实际上，砍价真是在这里购物的一大乐趣。在现行的商业运作中，虽然每个商品都有标价，但多数店铺还是会在你的坚持下给你一个折扣，若是购买珠宝，折扣会更高，比如：莲卡佛（Lane Crawford）。通常，折扣只在现金交易时才能拿到。早期支票曾广泛使用，但是随着信用卡的推广，使用个人支票成为历史。一个首要的原则是：当冷冰冰的店员以无礼的态度接待你时，不要付现金，刷任何一张信用卡，让商店去支付最高比例的代理佣金。如果你砍价的本领不够高，所有的手段都不奏效时，请一位善于处理这种麻烦的朋友陪你去购物不失为一种上策。

香港公共假日

公共假日

固定假日	
1 月 1 日	元旦
5 月 1 日	劳动节
7 月 1 日	香港特别行政区政府成立日
10 月 1 日	国庆节
12 月 25 日	圣诞节
12 月 26 日	节礼日
不定日假日	
1 ~ 2 月中的某天	春节（中国农历新年）
4 月中的某天	清明节

3～4月中的某天	基督受难日
3～4月中的某天	复活节第二日
4～5月中的某天	佛诞日
5～6月中的某天	龙舟节
9～10月中的某天	中秋节第二日
10月中的某天	重阳节

贺新年贴画

在这些假期当中，银行、学校、公共服务部门、政府职能部门全部休息。警察、火警、紧急救护服务和速寄服务仍然提供服务，只是留守少数工作人员。公共假期在香港受法律保护，就是说，员工在这些日子里享受的是带薪休假。特殊情况不能休息时，要在其他时间补休。中国传统节日是根据中国农历而定的，在公历上的显示日期每年都会不同。还有基督教假日，如基督受难日和复活节。香港的公共假期里并没有包括其他国家或宗教信仰的节假日。

这些法定假日是：元旦（一天），农历春节（三天），清明节（一天），劳动节（一天），龙舟节（一天），香港特别行政区政府成立日（一天），中秋节（一天），重阳节（一天），国庆节（一天），圣诞节（一天）。每个星期日也是法定休息日。

其他假期，如：基督受难日和复活节之间的星期六；佛祖的生日；圣诞节后一天，这些日子在年历上都是用红色字体显示。由于这几天不是法定假日，所以老板们不必支付职员薪水。不过，多数善良的老板是不会计较这点开支的。

现在香港采取的是“五天工作制”，很多服务性行业在周末不营业，如邮局和银行的某些业务都会停办，但ATM机正常工作。不过位于中环的中央邮局，即便在周末也可以办理快递业务。回想起在德国一到周末连牛奶都买不到，而香港的食品商店365天天天营业，这样比起来香港真是太方便啦。当你抱怨员工一年的带薪假期超过60天时，应该想想其实你也是受益人，可以多陪陪家人。对于带薪假期，政府会听取公民的个人意见，这就是香港的法律。

交通管制

在公共节假日，特殊区域禁止机动车通行，这样做是为了确保人们在漫步游玩时的安全。因为这些区域时常举行重大的社会活动，每当这种时候，街道就会变得拥挤不堪。

中国灯笼

中国节日

中国传统的五个节日分别是：春节、清明、端午、中秋、重阳。每个节日都有不同的寓意。清明节是为了怀念故去的亲友；重阳节人们举家出游，登高远眺，在香港，这个节日也是到祖先墓地祭拜的好机会。其他的则是被热闹红火的喜庆气氛渲染的愉快节日。

农历新年——春节

春节是中国传统节日里最受重视、最有代表性的节日，人们会花很多的时间、精力去准备。20世纪80年代中期开始，办公室、学校、工厂、商店和餐厅在春节期间至少休息5天，有些单位的假期甚至长达15天，对于劳动者来说这是每年一度的长假。最近这些年来，越来越多的餐厅取消了春节长假，在农历正月初二、初三甚至初一就开门迎客，因为这时的生意会格外的好，可以多挣些钱。当用人周日放弃休息时，传统的雇主们会将用人的休假延期，累积到一年一次的春节长假里，内地女工会回到家乡与家人一起度过。在这段时间里，家政无人打理。随着菲律宾女佣的出现，香港的家政服务业才不再出现断档。

节日到来，海港两岸的建筑物被霓虹灯装饰得绚丽多彩。民间最流行的新年问候语是“恭喜发财”，这个美好的祝福很符合香港的中国文化背景的特质。人们，特别是孩子们，身着颜色亮丽的服装庆祝新春的来临。人们还要准备一些特别的菜肴，最引人注目的装饰物是一种迷你橘树和满枝桃花。春节期间不能说不吉利的话；如果孩子无心冒出晦气的言语，嘴里会被塞一块糖来冲抵糟糕言语可能带来的霉运。

香港最吸引人的春节庆典活动要属大年初二的烟花表演。三只表演船停泊在海港里，当特别的背景音乐开始奏响时，烟火表演随即进行，绚烂缤纷的美丽花火在夜空中纷纷绽放，格外醒目耀眼。通常，表演都由赞助商出资举办。烟火表演当中，所有的交通工具禁止通行，沿海港的道路上满是观看表演的行人。每当一簇簇烟花腾空而起，在深蓝色幕布般的夜空中梦幻般展开时，人群中就只有“哇哇”的感叹声了。如果选择在可以看到海景的酒店房间观看烟火，那么，表演结束前最好不要离开房间。

节日期间，对每一个遇到的人说“财源广进”是必须做的事情。这个祝愿的含义是：来年挣到很多钱。这个祝愿也是人们最愿意听到的，人人必说。还要记得准备“红包”。几乎每个你见到的人都要给：家人、为你提供服务的人（甚至是门童和公寓管理员）、所有的孩子，没有结婚的成年人。如果你还是一个公司的老板，那么办公室的职员在这个月要得到双薪，同时不要忘了在新年上班的第一天给每个职员一个红包。至于每个包里所装钱款的数量则因人而异，不要担心会被识破，因为钱币包裹在纸袋里，有少量的差异是看不出来的。不过，除非你在每个红包上做标志，否则真的很容易发错，发错了就很麻烦。这里有一个简单易行的方法：在每个红包里放相同的金额，有的人给一个，有的人可以多给几个。孩子们在这个时候是最开心的，他们可以收到数量可观的红包。孩子们一边念叨着“恭喜发财，红包拿来，我不希望拿到的红包里只有一点点钱，如果包里有 10 元钱，会心花怒放的”，一边将腾空了的红包随手丢弃。更夸张的是，我们了解到，孩子红包的行情不断看涨，大人们快给不起了。

清明节扫墓

早春的清明节，中国人以到先人的墓地去清扫祭拜表示对他们的怀念。在香港，

春节舞狮子

许多家族的祖坟都在外地而不在本地。对故人祭拜时，人们在摆满食物水果的供桌前屈膝下跪；如今，没有了供桌，就在先人的照片或画像前下跪。这样做意味着故去的人在另一个世界也会衣食无忧。同样，祭拜活动也会在墓碑前进行。香在香炉里静静地燃着，经过烹饪的食物在旁边渐渐冷去，这些食物里，烤全猪是不可或缺的。没有人知道确切的原因，但从 17 世纪开始，清明这天人们就不能在厨房开火做饭。人们用纸叠成金元宝或银元宝的样子，因为墓地禁止烟火，所以拿到寺里的香炉焚烧，假想着现实世界的钱币被燃烧的火焰带到故人的世界以供他们花费。

赛龙舟

龙舟赛

初夏的端午节，中国北方的气温刚刚回暖适宜户外运动。香港这时候气候宜人，所以龙舟比赛就选择在此时进行。目前这项传统运动项目由香港旅游协会主办，经过长时间发展已成为一项国际活动。比赛主要由渔夫和船工参与，热闹的龙舟竞技赛和糯米粽子构成香港端午节的独特风景。这个节日的起源可以追溯到公元前 3 世纪，当地百姓为了纪念投河自尽的朝廷官员兼诗人屈原，将做好的粽子投入河中，希望能让投河的诗人躲避汨罗江的鱼腹。屈原之所以受众人爱戴是由于他是一位忠烈的朝廷命官，为改善朝廷腐败冒死向大王进谏，结果他的建议没被接纳，感到悲愤绝望的屈原，于是投江自尽以表悲愤。如今龙舟节开始后伴随着节奏清晰的隆隆鼓声，桨手们沿船舷坐成行，统一方向，集中力量，奋力将小船滑向目的地。龙舟分男子队和女子队，还会有来自亚洲其他国家的参与者加入其中。这项赛事将来自不同领域的参与者凝聚在一起，也是海外侨胞和香港居民欢聚一堂的盛事。

中秋节

中国农历的八月十五，是秋季中间的一天，人们在这一天隆重庆祝丰收，称为“中秋节”。这时正是每年庄稼刚刚收割完毕的时候。到了晚上，夜晴月满，每家每户围坐在桌旁，享用着水果和海鲜，席间大家谈论着关于月亮的各种传说，孩子们会提着各种形态的“兔子灯笼”，传说月亮中住着一位仙女，怀抱着一只仙兔。人们在灯笼里点燃一支蜡烛，随着蜡烛的燃尽，灯笼也会在孩子们的眼泪中被烧尽。

中秋月饼

在香港，中秋节这天照常上班，所有的庆祝活动都集中在晚上进行。中秋节后一天则是公共假日可以好好休息。晚餐过后，你会看见许多孩子手执灯笼游走向维多利亚公园的山顶。最后，星光一样的烛光照亮整个山顶。

可惜的是，取材于神话故事的纸灯笼逐渐被现代卡通形象的塑料灯取代，点燃的蜡烛也被电灯泡取代。孩子倒是喜欢新式时尚的新灯笼。都市里长大的他们接受西式的教育，看着日本的卡通片长大，难怪他们会热衷那些新奇的新灯笼。

重阳节

这个节日是中国农历的九月初九。人们会在这天爬上他们身边能找到的最高的山。“重阳登高”的传说起源于汉朝，起初为了庆祝数字“9”，传说一个算命先生警告一个正直的学者说：“你将会有一场大难，需要你带领你的家人上山避难。”那个人按着算命先生说的爬上高山，当他和家人晚上返回后，发现灾难果然已经降临，所有的家畜全都死了。随着时间流逝，除了那个学者，没有人在意这个日子。每年这个日子，学者和他的家人都会爬上山顶放飞风筝，喝酒庆祝。在扬子江畔，这天还是裁缝的节日。聘请裁缝的人家会在这天给裁缝放假。

灯笼

重阳节还是纪念“天后娘娘”的节日，人们猜测天后生于公元960年；她是知名官员的后代，但她的父亲却选择住在离内地很远的一个小岛上，与渔夫生活在一起。天后出生时就很不寻常：她的妈妈是个虔诚的佛教徒，曾在临产时梦到观音菩萨给了她一粒丹丸。之后，天后出生了。七岁时就已经表现出超乎常人的才能。在她13岁时，一个云游的僧人被她出色的才能打动，于是教她灵魂轮回的秘密。直到986年的重阳节，天后与中国人一样登山，随着天后不断地攀高，她最后竟然消失在天空中。从那之后只要她每次出现，都会从惊涛骇浪中挽救那些落难的渔夫和水手的生命。如今在澳门，她是最受尊崇的神灵。由于某种不知名的原因，香港早期的中国移居者也使英国政府相信，这对所有中国人来说是个很重要的节日。

香港的圣诞节

圣诞节是公共假期，全民欢度的假日，香港从整个12月持续到1月都被欢快的节日气氛笼罩。到人们开始为中国春节作准备时才结束。自1998年起，每年的节礼日，即圣诞节后的那天不再作为官方假日，但圣诞节的假期是两天，实质上没有改变。节日期间，维多利亚港和九龙港岸的建筑物被色彩斑斓的霓虹灯点缀一新。修饰物也不再单单是圣诞树和彩灯，更多的是依据中西方传说故事中的人物或情节制作的大型场景。餐厅和商店在圣诞节假期中会持续开放。酒店里传出传统的西方圣诞音乐。同其他重要节日一样，机动车禁行以确保市民和游客在中环和尖沙咀游览时，安全地观赏那些节日布景。

对香港的中国人来说，圣诞节和中国的春节一样，是一个交换礼物的特殊时刻。炫目的灯光和悦耳的音乐使圣诞节的商业气息越来越浓重，它逐渐失去了其宗教色彩的本意。敏锐的商家不会放过任何赚钱的商机，圣诞老人则是庆祝圣诞节最鲜活的标志。此时，也是慈善贺岁卡义卖和为残障儿童、孤寡老人举行新年联欢会的高峰期。在这方面，香港的圣诞节庆祝方式可能与你所知道的普通庆典有所不同。能够在一个地方庆祝各国的节日，也从一个层面反映出香港市民经济状况的优越。

无论如何，与参加教堂的崇拜活动和家庭聚会相比较，香港的圣诞节庆典活动是你不曾见到过的。你在日历上标出耶稣基督降生纪念日这天，在圣诞节前选择任何一家酒店享用豪华美味的圣诞大餐，也可以在夜宵餐厅参与一年一次的例行仪式。如果你真的不能抑制自己加入其中的强烈愿望，那么就为这不寻常的夜宵活动作好准备吧。你将会惊诧于餐馆老板中西结合的创意。在气氛渲染的欢呼声中，带着富有节日气息的晚会专用的小帽，进入涵盖众多项目的庆祝晚餐中。在摇滚乐的节奏中，你会不知不觉地加入这种愉快的聚会。

庆祝圣诞节

丰富多彩的香港生活

和现在许多大都市一样，香港有许多社会活动占据着人们的闲暇时间。从需要投入大量精力的消遣到几乎不运动的消遣，这里全都涵盖。唯一让人为难的是究竟选择哪一个。请听听我们给你的建议吧。一个小建议，如果你加入的组织名称里有“……之友”这种措辞的（如：香港艺术博物馆之友或香港爱乐之友），你会发现自己身处于一个充满热情和活力并且具备专业知识的团体中，可以得到任何相关的信息。除此之外，加入者还可以获得入场券这项特殊待遇。这些社团策划和组织到各类有趣的地方参观。早晚有一天，你不得不控制自己不断膨胀的走遍香港每个角落的欲望。你会觉得一年 365 天，一天 24 小时还是不够用的。

游走于乡村公园

在郊外徒步旅行是一种你可以认可的，颇受关注的传统。并且除了雨天以外，采用这种费用低廉的旅行方式的人们随处可见。为了看到与香港城市中不同的别样风景，你要做一些必要的准备工作，以避免旅途中的麻烦。丢掉在大都市中那些习以为常的观念，带一张详细的地图，并且遵循政府设计的路线。另外，还须带上足够的饮用水，同时别忘了你的手机。

香港的米埔湿地是必去的景点

现在的人们都很钟爱乡村旅行，他们最喜欢选择也是最熟悉的乡村步行线路是麦理浩径（Maclehose Trail）。这段旅途从东到西约 100 公里，旅途中有许多路线可以根据游览者自己的喜好随意选择，但如果你或你朋友是初来者，建议你最好找当地人带领前往。相信每一个领略过这里美景的人都会对它流连忘返，而每一个熟悉这里的人都称得上是半个“香港通”。

香港有一个景点我建议大家是必去的，那就是位于香港与内地的交界处，世外桃源一样的米埔湿地。米埔湿地被世界自然基金会列为保护项目，由自然基金会亲自管理。湿地最壮观的景象是每年途经这里的成千上万的候鸟，大批候鸟从遥远的西伯利亚和蒙古迁徙到澳大利亚，米埔湿地是这些候鸟途中休息的最后一站。

但遗憾的是，随着城市的发展，污染的日益严重，米埔湿地的环境也受到了极大的破坏。许多地方逐渐丧失了以往的生机，相信人们如果再继续漠视这种损害，米埔湿地迟早有一天会消失在大家面前。

市区

香港市区，历史悠久的建筑和景点数不胜数。在香港旅游协会的宣传册上罗列了大量信息，旅游者可以参照宣传册，根据自己的喜好安排选择游览路线。那些喜欢特立独行、自由游走的游客选择香港就算是选对地方了，因为不需要担心迷路。人们扎实的英文功底，随时可以为你指点迷津。以下是我一次游走在上环的老城里的经历，看了后大家就会进一步理解。

香港人最喜欢的的乡村步行路线——麦理浩径

游走在上环——香港最早的殖民地

上环的形成与大英帝国的本土化管理有直接关系。刚开始的时候，此区域其实是脱离于殖民政府的，仅隶属于中国政府管理。

但在 1841 年 1 月 25 日之后，英国政府正式接管此区域实行殖民统治。当时外国移居商人将他们的商业活动集中在中环和湾仔的码头区。而中国人包括商人、小商铺店主、手艺人、劳工，在香港的各个领域提供着服务，但却被排斥在主流社会之外，他们居住在远离市中心的地区。

香港最早的中国移民是来自珠江三角洲的。他们讲广东话，起初他们被安置在皇后大道上，中环市场的对面。到 1844 年早些时候，空间拥挤的压力不断加剧，这些中国人被迫搬到更远的地方，最终在 1851 年圈定好莱坞道的居住的区域，就是太平山地区。这里被局外人或是那些殖民统治者看成神秘莫测甚至有些危险的地方。

这个区域成了貌似城市人口密集的商区。地形上的限制和地理位置的考虑，决定了这个区域的道路和建筑格局。一个小房子甚至两层的建筑物都是用竹子和木头搭建而成。后来，改造成砖结构。建筑的第一层用来做买卖，成为店铺。店铺的后面和楼上作为生活区。楼层居民是没有土地所有权的，他们租住的房间很小。这里没有生活用水的排水系统，公共卫生更是无从谈起。火灾隐患随处可见。生命在这里艰难而廉价。鸦片的蔓延无法抑制。妓院的数量也飞速增长。在这样的环境下，传染病的传播势不可当，包括梅毒。

1842年8月，随着《南京条约》的签订，英国在香港的全面统治正式建立。从中国内地如泉州（潮州、汕头）来的生意人充分利用香港所处的特殊地理位置，在这个贸易自由港确立了自己独特的运作方式。其商业活动涉及大米交易、中药交易、人参交易、纺织品交易和海产品制作与保存。此外，他们还大量经营鹿角、犀牛角等一系列动物体的某一部位（他们相信动物的某些特殊部位对提高男性的生殖能力有极大帮助）。财富的不断积累刺激了权益关系的建立，于是中方的高端社团

香港上环

香港上环的有轨电车

和商业领导层逐步建立起来。这些富豪大多都是“南北红”协会的成员（依字面的意思就是，表达了他们贯穿南北的贸易），的确如此，他们的贸易往来于中国内地和南亚各国之间。可以说中国商会的形成与众多贸易协会密不可分。

随着社会的发展，人们对改善生存空间的需求越来越大，以致土地被重新规划以满足需求。首先是德辅道，之后是干诺道。规划的实施将人们的商业兴趣转移到山下，太平山地区逐渐成为非主流商业圈，像宗教仪式、丧葬活动还被保留在此区域内，人们大多购买香火、细蜡、棺木、冥币等殡葬用品时才光顾这里。

而平原地区，上环的周边商业发展越来越快，也更加集群化。在某些区域，生产和包装人参的厂房比比皆是，由于集中和竞争，货品质量和种类绝对称得上是同类中的精品。在海产品销售区，整排整排的搁板上放满了米色的鱼翅，金色的干鲍、扇贝，发丝一样的海菜。人们戏称这种海菜为“发菜”，与“发财”谐音，象征“财源滚滚”。春节期间，商业区就更热闹了，每个店铺都会张灯结彩，同时挂满咸鱼、腊肠和风干的鸭子，象征风调雨顺、蒸蒸日上。

香港的英国政府从一开始就主张由中国人自己管理自己的事务，因为他们深谙社会中各种势力、组织关系复杂，外人难以介入，所以让中国人自己去处理内部事务效果要好很多。商贩们选出有威信的领导者充当和事佬，以便处理争端、矛盾、债务。文武庙始建于1847年，由一个商人独立出资。这个商人鸦片战争期间负责向英军提供鸦片，同时还控制着香港周边的海盗。1851年，上环的商贩们共同出资修复该寺庙，并纷纷加入寺院委员会。随着文武庙势力和范围的不断增大，寺院委员会拥有的影响力和权力也越来越大，权力层又陆续修建了东华医院，服务华人社区，组建保良局，维护妇女和儿童的权益。

寺院委员会为每年节日的庆祝活动出资，这个惯例到今天都还在实行。农历年的第一个月的十八是土地公公的生日，庆典活动热闹非凡，包括广东地方戏曲表演。至少在那一刻，上环依旧是旧香港时的情景。

皇家亚洲协会

这样一个有着” 高大上“名字的协会是由一群对亚洲文化感兴趣且行事低调的人成立的。他们主要研究亚洲特别是中国南方，包括香港在内的人民生活的方方面面，涉及文化、习俗、传统、宗教制度、哲学、历史和社会，等等。这是一个开放、友善、欢迎所有人参与的社团。经常会有本地和外来的访问学者办一些讲座，题目各异，主讲人很愿意和听众分享观点和感受。所有人都可以畅所欲言，没有所谓的学术专家。博物馆馆长和一些资深会员会带领大家探访中国各地的历史文化名胜。活动中都是用英语交流。协会出版有《皇家亚洲协会香港分会会刊》，也可以上该协会网站浏览信息。协会的图书馆位于中央图书馆，囊括不同语言的各类图书几千本，还包括上海协会的刊物。中央图书馆对于香港居民是开放的，但协会图书馆只对会员开放。

各类社团

无论个人的兴趣是什么，在香港，你都能够找到你喜欢的独特的各种团体。或许有些社团已经成立，如陶艺团、戏迷或歌唱团，或许已经有许多其他类似的团体。

博物馆和艺术馆

在香港，许多博物馆和美术馆都是由政府和一些大学进行管理和维护的。展馆中所展示的是高质量、具有国际品质的展品。其展示技术也是世界一流的。其中中国及亚洲各国的展品是藏品的焦点。介绍香港历史的博物馆，包括香港历史博物馆、遗产博物馆以及这类经历了世代变迁遗留下来的遗产博物馆，比如荃湾的三栋博物馆，再比如新界的围村，这些地方可以将你带入时空穿梭的隧道，回到过去的香港。香港艺术博物馆举办的是东西方艺术精品的巡回展，比如来自内地的精美的手工制品展，等等。最新的参观人数已经突破了法国印象派画展的参观人数纪录。艺术美术馆展出的既有大师级的作品也有初出茅庐的艺术家的作品，是由经验丰富的资深人士操作的。亨利·莫恩（Henry Moone）的雕塑作品在香港随处可见，成为一道亮丽的城市风景线。

想要对这些博物馆有所了解，需要花费你不少时间，但如果你生活在这个城市，就可以有不止一两天的时间去对他们一探究竟。中文大学艺术博物馆的爱好者们和香港大学博物馆的爱好者们相当热情，他们会热烈欢迎你的加入。约瑟夫·丁（Joseph Ting）是一名当地的历史学家，他曾是香港历史博物馆的第一任馆长。正是在他的主持下，孙中山博物馆已经落成。

香港艺术博物馆

香港文化中心

香港的表演艺术

就香港的表演艺术而言，从形式到内容都是相当丰富的。香港艺术学院成立之后，不仅培养了优秀的戏剧家、音乐家、舞蹈家，还开设了针对专门从事舞台表演的艺术家的课程，使得香港在表演艺术和电影艺术方面可以与世界上引领潮流的审美标准接轨。

中国音乐

中国的歌唱表演艺术和乐器演奏艺术，更为年长的中国听众所喜爱，特别是新近在香港定居的那些人。来自内地不同省份的不同的戏剧流派都在香港定期演出。香港演奏会也有自己的民族交响乐团，一般会在文化中心或礼堂不定期地举行演奏会。

中国音乐远比中国的视觉艺术更博大精深，没有受过中国传统文化熏陶的人可能很难欣赏其中的奥妙。然而，中国民族乐器现代化的演变使之听上去更容易让非东方文化背景的人接受。乐队中演奏者席位的调整同样也体现出西方音乐文化的影响。乐队指挥一般背对观众面对整个乐团。为了适合在现代化的音乐厅里演奏，并创造出更加宏大的音效，演奏者的人数有所增加。1994 年，中国交响乐团曾与香港爱乐乐团合作演出了许多联席音乐会。

中国戏剧

大多数中国传统的戏剧形式都可以在香港找到。表演这些戏剧的有从内地来香港的艺术团体，也有专门从事粤剧表演的当地的演员。

总之，在香港你可以看到由当地艺术团或访港艺术团体表演的粤剧、昆曲、京剧和川剧，可谓五花八门、精彩纷呈。各色剧种都非常受当地人的喜爱，因此演出票也十分抢手，须提前购买。在演出开始之前，还有剧情简介，不但可以帮助观众了解剧情，而且还有助于观众更好地欣赏演出。此外，香港的高科技剧院还能同时提供与节目同步的中英文字幕，以便观众不遗漏任何的故事情节。

京剧脸谱

在当地的广东剧场，可观看的戏剧除当地剧团演出的粤剧外，还有昆曲、京剧、川剧。各种剧种都非常受欢迎，票都很抢手。在正式演出前，还有剧情简介，帮助观看者增加了解，提高兴趣。此外，高科技的剧院还能同时提供与节目同步的中英文字幕。

西方音乐

随着越来越多年轻人对西方音乐的喜爱，香港音乐会上座率很高。空前繁荣的文化大融合在尖沙咀形成，并集中在香港市区、九龙和新界的社区音乐会堂戏剧院和博物馆。传统合唱乐队的表演有大批爱好者。因为学习一门乐器花费不小，但合唱团的活动却不多，所以学校的音乐培训以声乐演唱为主。少年儿童古典乐器的培养成为香港学生课余活动的重要组成部分。此外，家庭教育给孩子们进行了全方位的启蒙教育，望子成龙的家长们希望孩子们能够喜欢他们的安排，孩子背负了音乐事务的美好期望获得了学习乐器的机会。这个部门现在是由香港学院音乐系表演艺术专业出资管理的。从 1991 年起，香港小交响乐队为当地许多年轻人提供机会，在世界知名的指挥指导下表演。香港爱乐乐团拥有本地和外来的专业乐手，从 20 世纪 70 年代起，与多位首席指挥家合作过。中日民乐乐团也与世界级知名的指挥家和独奏音乐家合作过。这两个乐团都在音乐教育领域中扮演了重要角色。

观赏乐队表演、交响乐、独奏音乐会已经成为香港旅游活动中必不可少的保留节目。人们对本土知名音乐家更加尊敬和推崇，这其中最负盛名的当数马友友，其许多出色的作品吸引着大量旅游者“先睹为快”。知名的《九七交响曲》是 1997 年 7 月 4 日于香港首演的，它的作者是世界知名作曲家谭盾先生，而《九七交响曲》是特别为庆祝香港回归而创作的。当地作曲家很会将东方特色与古典音乐和西方音乐结合起来，在这些创作者中最具代表性的是罗永晖先生。

音乐爱好者们会定期组织活动，如香港清唱剧社团每年都会担任许多音乐会中的清唱任务，再如“单身汉合唱团”是香港美声合唱团中非常出色的一个。这里还有专业的教堂唱诗班和香港爱乐合唱团，也有专门制作传统古乐和原创音乐的爱好者团体。凭借对音乐的喜爱和才能，任何人都可以参与或加入这些音乐团体，光我自己就曾创造了两周参加 11 场音乐会的新纪录。

剧院与舞蹈

香港的戏剧领域发展到今天已经相当成熟，除了观看专业演出、业余爱好者表演外，还可以观看许多专业演出公司组织的各类表演。播报戏剧会采用英语或广东话，“中英剧团”就是香港保留剧目轮演剧团，而“探索剧场”是青年剧作家反传统作品与其他原创作品试演的平台（此剧团由美国文化界在 1982 年创办，专为香港本土剧作家的作品提供展示的机会）。“香港歌剧团”多由移居海外的侨民组成。

在香港，无论是专业还是业余的舞蹈表演者，所演绎的舞蹈都有很浓的香港印记。香港政府的艺术发展局下属 3 家舞蹈团。“香港舞蹈团”的主要风格多由中国传统舞体现。“香港芭蕾舞团”和“都市现代舞团”主要创作和表演西方舞蹈或现代舞。这些舞蹈团都曾在香港演艺学院（APA）接受过专业训练，也有很多舞者毕业于 APA，有一些优秀的在校学生也会参与演出，毕竟舞者的艺术生涯是很短暂的。还有一些舞者是专门从海外聘请来的，所以这些舞蹈团都具备国际水平也经常去各地演出。全港课余和周末的私人舞蹈课很多，一般都是青年女性居多，男性学员很少，还有一些人学习基本的动作是为了进入 APA 专业课程做准备。香港舞蹈联盟在湾仔设有办公室。

芭蕾舞者

香港的已婚女性和探戈

在香港，女性朋友以前都喜欢去唱卡拉 OK，但随着时尚的转变，她们此刻更关注交际舞。这些女性爱好者大多都聘请专业私人教练为其教授交际舞的技巧和知识，许多女士甚至还说服自己的丈夫共同学习。各种以交际舞为主体的慈善舞会绝对称得上是一道亮丽的风景线，女士们身着倩装，邀私人舞蹈教练为伴共舞探戈，那迷人动感的身姿实在叫人过目难忘。这些专业的私人教练来自世界各地，其中一些技艺出众的会与学员签订专属合同以确保全身心地教授某一个学生。

昆曲长生殿邮票

香港艺术节

每年冬天都会有一个月的时间用来举办香港艺术节，此活动吸引着东西方各类艺术派别前来赴会，自 1973 年艺术节创办以来，其规模已逐渐成为亚洲数一数二的艺术类大聚会，吸引着众多海外、艺术爱好者纷纷汇集香港倾情参与。由于组织者充分考虑到香港艺术爱好者不同的品位和喜好，他们安排的演出活动总是能获得观众的好评。上千艺术家涵盖的艺术领域有戏剧（包括京剧和中国地方戏曲）、歌剧、舞蹈、交响乐、小合唱、滑稽戏、魔术，以及日本和其他亚洲国家的表演艺术等，都有中英文双语的解释说明。香港的艺术节有一个惯例就是由香港的爱乐乐团在艺术节闭幕式上作压轴演奏。

到 2006 年年初为止，2005 年举办的那届艺术节被认为是参与人数最多、创收最丰厚的一届。例如，其中一天安排的节目就有波兰国家歌剧院出演的《奥赛罗》；洛桑市贝嘉芭蕾舞团庆祝 15 年庆典演出的 Compagnia Thetrale FoRame in Johan Padan 及 the Discovery of America by Dario Fo 和《法兰西之吻》。其他曲目还有，江苏昆剧团演出的长达 9 小时的昆剧曲目《长生殿》；曾获国际大奖的香港 11 岁天才钢琴家的独奏会以及爵士乐表演。涉及这么多的艺术派别，足以显示出香港观众的欣赏品位，也体现出香港演出市场运作的专业水准。

艺术节于每年的 9 月份开始，各个售票处在艺术节开幕前的一个月开始销售，感兴趣的外埠人士可以通过邮寄的方式预订门票。预订自己喜欢的票很容易，因为所有的票务信息都是由 URBTIX 联网显示的。但有一点请注意，不要因为冲动而购买太多

爱乐乐团演出

场次的门票，估计你肯定没有足够的时间欣赏。购票原则一般是一周的活动不多于两次，可谁又敢保证在那么难得的机会下控制得住自己的参与欲？

除了这个主要的艺术盛会，香港还有许多规模较小的年度亚洲艺术节、各类电影节等以迎合大众不同的艺术品位。

网络或电话订票系统

感谢现代技术的发达吧！今天的人们可以通过电话自动语音系统或网络，支付少许手续费以便购买演出票或电影票，电影票只需提前两天预订即可，哪怕最后一刻来到电影院都不会耽误拿票进场。

音乐会的门票是由“休闲票务服务系统或香港票务”所代理的。不论哪家票务公司都会亲自把票送到你的门口，且只收取少量的手续费，当然也可以去他们的售票处领取（注意时间要求：许多剧院都要求观众在演出之前就得拿妥门票）。想想现在的便捷，您很难想象以前预订一张票是多么麻烦。首先，电话另一头的接线员尽管客气，但不专业，很多问题都回答不了你，所以你只能根据语音提示完成一系列麻烦的操作。不停地按电话不说，里面的提示还得一遍遍重复、确认，像什么演出日期、场次、地点、演出名称、票的张数、价位、预订人姓名、信用卡卡号、身份证（护照）号码等，你就听提示挨个按键稍有失误就得从头来过，谁又敢轻易尝试？

但有一点是必要的，取票时备好信用卡和身份证，以证明票的确是你预订购买的。

博彩业

博彩应该被定义为香港人的一种生活方式。在香港一些赌博项目是公开合法的，但也有非法的地下赌场。博彩的内容五花八门：赌狗、赌马、赌足球、赌麻将、赌四方牌等。赌博的场地也是无处不在，更不用说麻将和四方牌了，什么家中、街边、楼道、路边摊，只要支起桌子就可以开始。这里还有许多专门以收取场租为营生的赌博俱乐部，至于彩票销售点那就是街头巷尾多如牛毛了。

麻将是一种四个人共同参与的游戏，最早出现在明朝，那时它就是一种社会上非常普遍的娱乐项目，流行于各个阶层。这种娱乐如果以钱做赌注分输赢的话，参与者会感觉刺激更加投入。今天的麻将更带动了赌场周边的一系列副业，像餐厅之类。每到周末的傍晚，人们搓洗麻将的声音震耳欲聋，谁也没工夫去餐厅安安静静地吃顿饭，于是商家就向赌客们兜售各种方便食品以便赌客们边赌边吃，自然十分受赌客们欢迎，赌、吃两不误，这样的餐厅能不火吗？

赛马现场

多米诺骨牌，它的出现可以追溯到中国的唐朝，比麻将的历史更加久远，但没有麻将普及。这种游戏对场地的要求不高，随意一块平整的空地都可以，花费的时间也不太多，赌注也相对少得多。中国人俗称这种游戏为“接龙”。香港最受欢迎的博彩当属四方牌，它可供许多人同时参与。

香港赛马会——奖券基金

博彩基金被用于慈善事业始于19世纪60年代，在理查德·麦当奴先生接管香港期间，从基金中拨款并划出土地兴建东华医院，那里专门收治看不起病的穷人。赛马活动是被英国政府引入香港的，一经着陆就立即被香港人接受、喜爱，成为香港博彩项目的重要组成部分，甚至被称为“体育之王”，职业赛马俱乐部慈善基金已成为香港慈善基金中最大的独立赞助来源。“六合彩”每周开奖，除发放中奖奖金，其余的余款都归入博彩基金，并通过赞助或贷款的形式回馈到社会福利中。

学习中文

中文并不难学，与英文不同，每个汉字都会有许多连贯的意思相互联系。比如中文的动词里没有单数或复数形式，也没有过去时、现在时、将来时等时态限制。唯一的问题就是有太多内容和信息需要花大量的时间去记忆。一次，一个在香港学习中文的英国朋友对我感叹道：“你一定认识了上千个汉字！”那时她正在读一本中国古文，

历史悠久的语言

中国是一个大国，由56个民族组成，其中人数最多的是汉族。使用的语言称作汉语，是目前中国通用的语言。另外其他55个少数民族除一两个外，都有自己的语言，与汉语截然不同。

此外，在汉语中还有许多方言，根据不同的区域变化，一般非本地的人很难听懂。公认最难掌握的语言当数广东话，也就是香港人通用的语言。在香港，所有本地报纸都使用广东话书写，如果你想与当地人沟通，最好适当地学习它，但到中国其他地方最好学习普通话。读者彻底晕了吧，可以理解，这里有一个令人宽慰的想法，不论方言如何不同，中国人使用的文字是基本相同的，所以你可以通过书写弥补语言沟通的障碍。

在商朝（青铜器时代），公元前1766至公元前1121年之前，中国文字就已相当发达，每个古文字都代表着一种逻辑关系并且非常符合SVO逻辑的相似性，所以那些文字现在看起来很奇怪，很难理解，与你所掌握的现代文字知识区别极大。

此后中国文字出现了一些图画和符号，这个时期的文字属于象形文字，抽象简单的线条就可以表示某个图像，以代表一种意思和相应的发音。比如“木”字来源为象形的树，两个树在一起就是“林”，三个树组合在一起就是“森”，即一大片树木的意思。

由于仅靠单纯的象形文字很难表达完整的意思，于是代表意思、视觉、画面的文字逐渐成形，如表示太阳的“日”字，代表月亮的“月”字放在一起就组成“明”字，表示光亮、明亮或明白。

香港公园里的女教师雕塑

我没有告诉她在我进入大学四年级之前就已经掌握了不止这个数目了。

汉语的基本构成原则很简单，比如“永”字，是由几个笔画组成的，书写汉字是一种艺术，我认识一位美国女士，她不认识一个中国字，也从未见过别人写，但却写了一本关于汉字的书并赢得了国际大奖！

值得高兴的是，一些外国人凭着自己学到的中文知识主动与中国人交流，洽谈生意，甚至可以获得一个与中文学习有关的职业。不要对他们中文水平期待太高，毕竟在学习汉语的最初几年里掌握准确的音调是不可能的。

尽管在香港生活时我们努力学习了广东话，但请各位读者注意，广东话只算是中国的一种方言，仅限在香港或广东地区使用。真正被称为“中文”或“汉语”的是普通话，它在中国内地被广泛使用。

学习汉语

学习广东话

除非你想在中文方面有很高的造诣，否则在香港学习好广东话就已经非常实用，足以与本地人交流了，汉字也可以不学，依靠标注了罗马字母的发音记忆就可以了。我鼓励大家多学点语言知识，首先是英文，香港绝大部分人都可以用简单英文交流，英文仍然是世界上比较实用的语种。其次是普通话，只要你过了香港到达内地，广东话就基本没什么用了，这时掌握一点普通话会为你省很多的事。

私人教师

如果你的老板在办公室里为你聘请了一位私人教师，教授你汉语或广东话。那你最好把握机会多学一点实用知识。首先你得调整自己，毕竟学习的效果取决于自己的态度。语言学习，不投入大量精力很难见效。其次是分配时间，好歹是在工作，你的老板花血本带你来香港工作肯定是希望你做出成绩，如果中文是你工作中必不可少的工具，那持之以恒、坚持不懈的学习是对你老板最好的回报。工作是一回事，生活又是另一回事，假使你为你的太太也聘请了私人教师，肯定是希望家人更好地融入香港，生活得更轻松舒适。无论是为什么学习都须花费精力。我希望大家通过学习都有所成。

小组学习

除了私人教师，学校也是不错的选择，但大家得先明确一点，语言学校多是商业运作的营利机构。

在众多学校中，我对有些学校十分感兴趣。我经常搜索高等院校的网站查询资料，从资料上可以看到这类语言学校多是由香港特区政府出资兴建，学校大多倡导“拓展

六人小组学习汉语

训练，终身学习”。一旦你支付了昂贵的学费，你立刻就会得到校方提供的教材、课程以及各学分所对应的学级说明，以确保各位学员明确自己的学习目标。选择学校一定要准确定位。

举个例子，香港大学下属的SPACE（职业及继续教育学校）创办了一个语言学习中心，教授的语种包括英语、法语、德语、意大利语、西班牙语、日语、韩语及普通话、上海方言、闽南话等，就是没有粤语。这说明学校主要面对的生源是香港本土人士。所以大家选择之前务必到相关的网站仔细查询信息。我推荐的网址是http：//www.hkuspace.hku.edu.hk。

高级中文课程

位于香港沙田的香港大学，开设了“新亚洲耶鲁在华汉语教学项目”。这里可以学习普通话和粤语，但这个系统所面向的生员是具备大学教育背景的学习者，也就意味着参与者要在校脱产学习语言。辛苦投入的回报就是语言能力的迅速提高，学校网址是http：//www.cuhk.edu.hk/clc。

其他业余生活方式

无论大家来香港的理由是什么，既然来了就要认真度过这里的每一天，正如中国人常说的那句话“既来之则安之”。做一份计划书尽量把自己的课余时间安排充实，那么你将享受一连串新鲜低成本的业余生活。有的人可能会获得一个升级版学历证书，有的人也许会考得另一个从业资格，有的人或许掌握了一门新语言，总之艺不压身，哪怕是高尔夫、艺术创造、古玩收藏都会使你乐在其中。

获得学位

香港有 10 所高等学府可以提供学士、硕士、博士学位，设计的专业有艺术类、人文学科、科技类，还有许多专业性较强的如牙科学、药剂学、法学、新闻学、教育学、建筑学等。近些年，为了响应社会需求又加开了商务管理等经济专业。建于 1911 年的香港大学完全采用英国皇家高等院校的教育模式，纯英文授课，且不开设中文和中国历史课。这种状况直到现代才得以改变，香港中文大学建于 1963 年，下属三个分院融合了美式教育模式，授课使用英文、广东话和普通话三种语言。采用哪种语言取决于课程的内容、讲师和学生。1991 年正式开始授课的科技大学，其教师从北美各大学府聘请，均为华裔人士。这些高等学府都拥有研究生课程，并提供社会调查、实习机会。

学校各方面的运作资金由学生交纳的学费与政府出资共同构成。香港大学、香港中文大学、香港科技大学、香港浸会大学、城市大学（原城市理工专科学校）、香港理工大学（前香港理工专科学校）所有这些学府都可以授予包括学士以及学士以上的各种学位。这里提到的两所理工学院成立之初是为纺织业和酒店管理业输送人才的，由于专业具备的社会价值，两所院校最终被提升为高等学府地位。岭南学院由以前的广东岭南大学演变而来，到 1991 年时具备了颁发学士学位证书的权力。其学校管理运作方面更上一层楼的两个标志是：任命著名经济学家陈坤耀教授为校董事会新任主席；翻修校园的基础建设。这两件事情使得学校的整体竞争力大大提升。另外三个有权授予学士资格的大学是香港表演艺术学院、香港教育学院、开发教育大学。

这些院校中有些还专门开设了针对成人的夜校，高自考课程还没有包括在大学课程内，如果学生没有修够学分，包括夜校的学生就别指望拿到学位。神学院的高自考教育部门发展壮大成为继续教育学

一亚洲女孩在香港中文大学毕业获得学位

院，为香港本地居民提供海外大学直接教育的机会，这种不用离开本土直接修够外国学分拿外国学历的方法很受欢迎。如今香港大学的高自考教学部也壮大为职业继续教育学院了。

这里不太一样的是开放教育大学，它成立于 1989 年，是一所三等的远程教育学校，其运作上为独立核算自负盈亏，学生不需要到教室听课，当然也不享受面对面教学,教程以数码传送或电脑教学的方式进行。如采用电视传输,时间固定在每周日早晨,也有在学习中心观看教学影碟的。学生们积累学分学时以年为单位，包括 9 个月的授课时间和一次 3 小时的考试。

开放教育大学的出现为那些已经工作的成年人提供了再学习的机会，这些人要么希望通过学习获得更多的知识，要么希望业余时间再拿一个学位。

换而言之，那些因为种种原因没能进入高等学府学习的人，或者只取得了某专科学历的人，在不影响自己工作的前提下，通过开放教育有机会接受高等教育。

这就是香港，对一名外籍人士来说，这里使你受益良多，无论你是想通过学习得到一个学位，还是拥有更高层次更加丰富的知识，你都有机会获得。与此同时，我建议你放下太多考取学位的功利色彩，以学到知识、增加阅历、充实自己为宗旨。

收藏

从世界知名的拍卖行“佳士得”、“苏富比”到街边小铺，你能淘到各式各样的艺术品、手工艺品、珠宝，这就是香港。在这里亚洲的工艺品、特别是具有内地特色的东西很受欢迎，当然其他艺术体裁的作品也极其丰富，准备好足够的钱来采购了吗?

宜兴茶壶和史前的陶罐由于供不应求近年来行情飞涨，早已不是普通的收藏品啦。一位朋友近几年开始收藏亚宝石。这些石头颜色、形状、大小和光泽各异，在香港的玉石市场和深圳可以淘到很多。在圣诞节时，这位朋友会用黄绿色的石头来装饰桌子。感恩节时，则换成代表秋天的黄褐色石头。到了复活节，石头的颜色一定会配合彩蛋的颜色。

插花

在香港一年四季都可以买到从世界各地进口的鲜切花和盆栽花卉，而且价格不贵。还有由国际花卉专家组成的协会专门传授插花技艺给爱好者们。“流花道”是专门教授日本花道艺术的学校，在香港很有名气，每年都会举办室内室外花卉展览。

体育

香港有许多提供娱乐、运动健身的设施，而且这些设施的使用率很高，这包括私人开设的健身中心。你总会找到一个地方强身健体，消磨时间。接下来要介绍的是南华体育俱乐部，一个公共的健身俱乐部。这里设备齐全，甚至还包括专业性极强的强体力消耗设备，但健身俱乐部的收费很便宜。开始参加前，希望大家能纠正错误的体育观念，保持持之以恒的运动精神，培养兴趣爱好。

在音乐背景的衬托下观赏网球、壁球、高尔夫等活动那绝对是一种享受。每年这里都要举办许多重要赛事，吸引众多选手的不光是高额的奖金，也反映了香港是一个具备举办高级别比赛能力的城市。

香港公共游泳区域的卫生状况很好，各种水上运动也很普及，像帆船、水上滑板、潜水，你可以随意尝试，不过就是费用昂贵。帆板运动在1996年之前还没有引起人们的重视，但那一年的亚特兰大奥运会上香港选手李丽珊夺得帆板冲浪的冠军，这是香港历年奥运会赛场上获得的首金，顿时掀起了帆板运动的热潮。

太极拳

迪士尼

香港迪士尼已经开业多年了，尽管香港媒体对这个主题乐园褒贬不一，但我认为它还是值得一去的，带上你的孩子到那里度个周末，玩上一天哪怕只是一个下午去感受一下迪士尼的气氛也好啊！因为游客不是那么多，我们可以更惬意地游玩，享受一流的设施、纯净的空气，又没有拥挤的人潮，对于孩子们来讲，坐上装饰有米老鼠的迪士尼专线地铁就已经开始兴奋之旅了。我们春节前去了那里，受到了所有喜爱的卡通人物的热烈欢迎。在香港生活了很长时间的一对老夫妇也带他们的孙女去玩了一个周末，在孩子的要求下第二个周末他们又去了一次。不过去那里之前，我建议先查一下天气情况以便更开心地游玩。

轻松周边游

乘船、飞机、火车、公车、地铁

香港与内地之间的旅游来往在过去的10多年里取得了长足的发展，你可以从香港直飞内地的任何主要城市，大部分二级城市如吉林省长春市、四川省成都市，只是目前航班往来的频率没有北京、上海那么高。

乘渡轮或气垫船可以到达广东省的任何港口，还可以到达澳门。往来于广州和香港的直通快车既方便又舒适。如果你是冒险爱好者，甚至可以尝试只坐火车从香港到

> 除了去中国澳门和中国内地一些最南端的城市，到其他任何地方我都建议你搭乘飞机。因为你已经习惯于乘飞机往来欧洲、北美大陆、澳洲大陆等。那么在这里最便捷的还是飞机，仅花上几个小时你就可以到达你想去的地方享受海滩、滑雪、游乐场和美丽的风光。

伦敦，但要有思想准备，因为换乘的过程很麻烦。公路交通往来于香港和内地最南边的几个城市，其中某些车辆朝发夕至，在路上你得忍得住车里乘客不时响起的移动电话和大声的说话声。

如果携带合格的驾照你还可以自驾车进入内地。

当然还有更省钱的办法，就是搭乘城内环铁自广东至九龙的专列，再搭乘专列直达罗湖口岸，接着步行穿过闸口进入内地。这条线路是香港人最常使用的，每逢周末超过 50 万人次以这种方式往来于内地与香港之间。暂时将路程放在一边，想去内地首先得办好签证，假如是工作原因，需要频繁地来往于内地与香港之间，那么就得向中国驻港签证办公室申请最长期限六个月的多次入境签证。如果是香港永久居民也可以申领《港澳居民往来内地通行证》，通行证的时间根据国籍不同而不同。另外还有单程和两次签证，其中单程签证可以在深圳海关申请。

中国澳门

还有一个地方可以成为放松身心的好去处——澳门。只要有香港的身份证就可以

香港可乘船到澳门游玩，图为澳门大三巴

直接申请澳门旅游签证。澳门以赌城享誉世界，但这里可不光只有赌博吸引人，还有许多好去处。外籍人士在澳门居住的历史可以追溯到 17 世纪，因为它一直作为中国的一个隶属区域，所以关注度较低，也没有具体统计过外籍人员数目，更不知道如何对待外籍人士，于是修建了一座墙，目的是划分这些特殊人群，至于他们在自己的地盘怎样过自己喜欢的生活政府根本不关心，这与香港不同。澳门由于葡萄牙人的深入使基督教渗透深远，澳门随处可见地中海式建筑风貌，香港、澳门回归后许多游客纷纷前往澳门旅游，兴趣之一就是观赏那里依旧保留的大量欧式建筑。

众所周知，澳门的支柱产业是赌博业，随着拉斯维加斯的赌博公司进驻，使赌博市场趋于成熟。随之发展起来的其他产业如高尔夫、顶级博物馆、音乐会演出也相继走进行业前列，成为城市运转的重要组成部分。近期又陆续增设了 20 家餐厅，澳门正逐渐成为一个综合性娱乐场所。

深圳

这是一个 20 世纪 80 年代才出现的城市，是一个适合购物的地方。从香港乘城铁或地下铁不用半个小时就可到达深圳的罗湖口岸，然后步行几步就可以通过香港海关进入中国内地境内。唯一麻烦的事就是进入闸口得排长长的队，有急事的人估计会耐不住性子的，这在欧洲年轻人的身上最为明显。但只为购物来的人就无所谓了，目的地就在眼前了。

深圳街头的邓小平画像

中国内地和其他亚洲国家

游览中国内地的其他城市没有那么麻烦。只要进入中国内地，申请游览一个地方，就可以去任何想去的城市了。建议大家在网上提前搜索预订打折机票、酒店，那会省下不少钱。正如2005年我的经历一样，那年为庆祝上海艺术中心成立，我与北京、上海所属的爱乐乐团共同聚集上海参加庆祝活动。活动期间我还抽空游览了上海的老街道、古庙宇，以前的租界区等，正因为我提前预订了旅游打折套餐，致使我在上海的旅途十分轻松惬意，让我和我的丈夫在这次旅途中留下美好的回忆。

香港有几个长周末，为自己计划一个丰富的假日旅行吧。可以去周边许多亚洲国家或地方转转，像什么柬埔寨、越南、泰国、马来西亚、印度尼西亚、巴厘岛、印度、斯里兰卡、日本都是不错的选择，体验异域风情，品位不同的历史、文化和艺术。每当我憧憬旅游时，我脑海里会浮现许多场景，日本的樱花、滑雪，泰国的阳光沙滩，还有疯狂的购物……我1975年第一次来到香港，碰巧看到了蜡染，当地蜡染工人随心所欲地制作出协调优美的图案，令我如痴如醉，后来我发现在印度尼西亚、马来西亚、泰国都可以找到类似的精美工艺品。现在你如果来到我的家，你会发现我家里的大床单、被单、窗帘都是蜡染中的精品。

富士山

小结

无论什么原因待在香港，都要认真准备，尽心计划你的休闲活动。你定会享受到意料之外的乐趣，相信我，但凡你玩尽兴了，你也就是半个香港人了。

泰国佛寺

第八章

语言学习

"因为我是一个没有朋友的灵魂，所以我孤独，总是一个人。我承认我没有朋友，但我可以自己交几个。"

——Garvin·伊丽莎白·凯拉（1990—）

学习

语言与标志

我们已经多次提及，英语在香港十分普及。但由于地域和文化的差异，使得你初次听到香港的“本土”英语时多半会听得一头雾水。这个时候一定要有些耐心，还得有点想象力，交流需要慢慢适应。但像街牌、地图、号码簿这些公共设施上的英文注释都是标准的英文，你识别起来相对要方便很多。香港真正的主流语言是粤语，它是中国一种十分特殊的方言，自成一系。由于它发音的特殊，许多中国其他省份的人也根本听不懂。试想一下，如果没有一定的生活基础，一个外国人要想读懂翻译成英文的粤语还真有点费劲。

我们深知粤语的特殊性，所以具有一定英文能力的外国人还算幸运，至少比许多中国内地的人要幸运，他们大多完全不会英语，只说普通话，遇到的尴尬要比你想象的多得多。例如，我们同样在大街上看到了这样一个英文单词“admiralty MTR station”,明白英文的人立刻就知道这是车站。说普通话的人可就麻烦了,如果问当地人，当地人就会习惯性地告诉他，这是“Gum Jones”，是粤语“金钟”的发音，而“金钟”的由来是以前的士兵将长官敲打金属钟发出的声音作为集合的命令，时间长了将这种敲击的频率简称为“金钟”。而现在的市民打趣地把候车的车站形容为“金钟”。所以要是没有一定的英语知识，光从字面的意思解释一些特定现象那可就乱套了。

另外请许多学习美式英语的朋友注意了，由于香港多年受英国管理，这里的英语基础和使用方法都是英式的。例如：“排队”，英国用“queue”，美国则用“line”；“电梯”，英国用“lift”，美国则用“elevator”；还有一些常见的前置词在英国与美国之间的表达都是不一样的。

发音指南

下面粤语的发音是根据克丽斯汀·卡萨（Christian Kisa）研究的标准给出的。这一标准是根据国际音标协会的纲领制定的。

辅音

在粤语里辅音 m 和 ng 可单独成为一个音节。

辅音包括：b、d、dz、f、h、g、g w、h、l、n、k、kw、s、t、ts、y、w。辅音：p、t、ts、k 和 kw 是强爆破音。

较难的辅音发音方法如下：

■ dz 发 ditzy 里 d 的音

■ gw 发 guava 里 gua 的音

■ kw 发 quit 里 qu 的音

■ m 发 mother 里 m 的音

■ ng 发 king 里 ng 的音

■ ts 发 tots 里 ts 的音

■ k、p 和 t 结尾的音节发短促音：快速，短元音。

元音

■ a 发 far 里 a 的音

■ e 发 met 里 e 的音

■ I 发 keep 里 ee 的音

■ o 发 roar 里 o 的音

■ o e 发 your 里 ur 的音

■ u 发 woo 里 oo 的音

■ ü 圆唇 ee 音，就像发 oo ee 音时，oo 发重一点

短元音

a 短促，半张口，uh 和 ha t 里 a 的发音相似。

文具

长元音

- ai 发 a y e 的音
- au 发 bo unce 里 ou 的音
- eu 发 mew 里 ew 的音
- iu 发 ee yoo 的音
- oi 发 oil 里 oi 的音

短元音

- ai 发 hide 的音
- au 发 lout 里 ou 的音
- ei 发 hay 里 a 的音
- eoi（öü）发法语里 oui 的音
- ou 发 hoe 里 oe 的音

汉语里有一些发音是英语里没有的。以上的辅音及元音的发音在语音上是几乎与英语发音一致的。

学习粤语

粤语

粤语很复杂，既难讲又难学，掌握它最好经过一些相关的培训。我首先建议大家的就是一定要到当地的书店，购买最新的语言词典，这样你所学的不但准确而且实用。

可我有一个非常有趣的发现，假如你是一个黄头发蓝眼睛的白种人，就算你会讲一口流利的粤语，当地人也好像什么都听不懂。记得有一次我与好友外出就餐，我朋友的粤语很地道，可当她用流利的粤语点完餐后，服务生却一点反应都没有。重复几次都是一样的结果，最后没办法了只好用英语复述，结果是服务员立刻恍然大悟，我和朋友相视一笑。是不是香港人从心里认为，粤语压根就是一种十分本土的语言，而只有土生土长的当地人才可以熟练掌握和使用。

收集电话卡

许多餐厅和商铺都有名片，上面用中文印有店名和地址。我认识的人都有一大堆自己喜欢的餐厅的名片。把收集起来的餐厅名片和其他中文卡片一起装在一个小卡片夹里。在你乘出租车与司机交流有困难时，拿出你的卡片夹，司机就会知道你要去哪儿了。

逛街购物练练粤语

当然，我肯定没有打击大家学习粤语的意图。你身边的香港人也不会，尽管他们会拿你蹩脚的粤语开玩笑。因为所有人都会对你努力融入社会，融入当地文化的态度表示钦佩。

移居海外的香港人有一个传统，无论他们在国外生活多少年，无论他们何时、何地见面都会用粤语相互寒暄。这是他们最亲切的母语。

普及普通话

从最近几年的态势来看，随着内地游客数量的逐渐增大，有越来越多的香港人开始学习普通话。而一些商铺挑选服务员时也会着重挑选那些会讲普通话的。由于语言发音的不同，香港人嘴里讲出的普通话总是怪怪的。

他们还适时地改变了一些普通话的语法，这些变化会让内地人觉得香港人将普通话作为一门外语在使用。尽管回归已经有一段时间了，但在香港发行的报章杂志基本都用粤语编撰，内容形式仍十分本土化。

逛街

在香港，大街小巷的指路牌都是中英文对照的，外国人在这里很容易就可以找到要去的目的地。

但是，香港人有一个特点，不热情。他们大多都不太愿意为你指路，若发现你是一个在问路的外国人，那些不会说英语的人根本就不会理你。大家擦身而过的时候，你会感觉到他们竭力避免跟你有任何的眼神交流。

所以一旦迷路的时候，最好去询问宾馆或酒店的服务人员。要么在出门之前请自己中国或当地的朋友为你详细写好到达目的地的办法。这样出门后就可以将提前准备好的卡片出示给出租司机或公交司机，他们一看就会明白。如果这样还是不行，那就得碰运气了。

小结

对初来香港的外国人而言，有必要学习一些基本的粤语或普通话，以应付简单的交流。当与你交流的对象是年轻人时就会轻松很多，因为他们多数都接受过系统的英文学习，就算不能流利地讲述，也起码能听懂你说的是什么。在不同的地区总会有这样那样的困难，但这些也是难得的经验，只要我们在出发之前作好相应的准备，相信这些挑战是值得让你兴奋的。

香港街景

第九章

工作在香港

“只有在你开始做些什么的时候，事情才会有眉目。”

——詹姆斯·M. 巴瑞（1860—1937）

在我论述的最后一节里，客观地讲，我认为香港人工作是第一重要的。他们的娱乐都是抽空进行的，真正意义上的休闲娱乐其实很少。在香港让我感受最深的一句话就是“天下没有免费的午餐”。

办公室等级

无论做什么工作，香港的社会和文化里都有很明显的层次划分。从管理角度分析，层次划分确实有自己的好处，各司其职，各尽其责。可一旦某一个环节发生错误就极容易殃及全局，影响大家的情绪。

至于公司里的层次很容易区分，首先是由年纪和性别划分的。这种较原始的划分方式，非常适用于同一级别、同一办公室的人们。试想一下，身处同一办公室的员工们，他们的工作职能和任务分配基本相同，在完成工作时如果光靠民主，会招致很多意见，彼此间没有协调，那么工作效率必然会十分的低。而相互间如果有适当的划分，责任共同承担，那么对同一间办公室的同事绝对是好事。

无论是作为领导，还是合作伙伴，千万要谨慎应对层次关系，因为这方面问题对大家非常敏感。运用好了对自己是“有百利而无一害”，运用得不好那可就是“有百害而无一利”了。

如果你想选择在香港工作，我就要给你一些实用的忠告。第一，千万别通过你的下级为你传递消息给你们的上级。第二，千万别让你的秘书帮你做像换灯泡、送信类的杂事，这类事情是有专人负责的。这两个忠告想告诉大家的就是，“明确同事间的

香港人工作是第一重要的

级别”、“物尽所用”。作为外人你也许会不理解，我再举一个具体的例子你就会明白了。假如你是公司里的一个管理者，在上班时你亲自去茶水间为自己倒了一杯咖啡，你的举动恰巧被在茶水间服务的工作人员看见了，他们立刻就会联想到“你已经决定解雇他了”。

我估计我刚才说的那些潜规则让许多人望而却步吧。大家千万别紧张，毕竟许多问题正在慢慢好转。最起码许多人已经意识到，一些无关紧要的小事完全可以亲历亲为。有大部分“海归”的年轻人，他们的思想更加开放、灵活。新鲜血液的注入必定将潜移默化地改变人们的观念。

既然大家选择来香港工作了，就应该有心理准备去适应和利用当地的习俗。因为主观、积极地融合会为你赢得信任，因地制宜地利用制度会加速你的成功。

另外从穿着上也可以判断出香港人的工作层次。职位稍低一点的打工女性，她们追求时尚，时刻紧随潮流。男性则以当下最红的影星、歌星为榜样，把自己从头到脚都做得一丝不苟。而且在香港生活时间长了你就能辨认出一些不同行业的打工者。例如快递工，他们经常穿着一条牛仔裤，足蹬一双运动鞋，腰间还别着一个随身听随走随听。

穿着一丝不苟的白领

曾经也有人建议将快递工人的服装统一，以提高他们的职业形象。但许多反对意见盖过了这种想法，人们认为本来就不应该将行业分为三六九等，也不应该对不同工种的从业人员有歧视。持此意见的人认为这种错误的歧视已经影响了人们的就业选择。目前像快递工这样的工作，哪怕商家投入大的广告宣传也很难招聘到人。

香港一条幽静的街道

香港街景之铜锣湾

工作种类

合理地分配员工的工作职责是非常重要的，因为通过清晰的任务分配才能使每个员工各司其职、各尽其责，让公司的整体运作一直保持高效、准确。

相反，对职责划分不清就容易出现问题。员工极有可能会消极怠工，因为每个人都想推卸掉多余的工作，毕竟没有多余的薪水。另外员工间极易相互猜忌，在心态失衡的状况下，他们将不再相信和服从自己的上司。你要了解在香港，员工都是很听话的，他们很少愿与自己的老板或上司争论，除非你一直放任混乱的管理状态。在这样一个精打细算的环境里，外来的“和尚”念好经的确不容易。我虽不是专家，但还可以给大家提些建议，你作为领导，来到一个全新的集体，当涉及分配任务的时候，首先要使大家建立起主人翁意识，让他们感觉到自己存在的价值。谁都希望自己被视为中坚力量或是必不可少的核心骨干。千万别动不动就指使你的手下端茶倒水，把这些打杂的工作交给专人负责就好了。香港有这么一个说法，找一个愿意为大家服务打杂的人很难，但建立起一支专业的劳务服务队伍很容易，好歹还是挂个“专业”头衔。

办公室礼节

即使你是一个风趣和蔼的老板，平时处事低调、客气，香港的员工还是会小心翼翼地与你保持合适的距离。因为在他们的意识里，你们之间是有着绝对的地位或立场差别的，我建议你不要轻易打破这种主从意识。当然员工有优异表现时，赞美的表扬不要吝惜，这会给他们极大的鼓励。

办公室的业务会议

办公室的交流

领导者的主流风格还是要表现得相对严肃一点，时不时还要督促他们一下，相信这样做会大大树立起你的威信，也利于你的管理。相信我，在香港这样的文化背景下，过分地跟员工打成一片，不一定是什么好事。

无论打工的白领来自哪个国家哪个地方，在香港的办公室里工作，其实都很枯燥，也都大同小异，不是日复一日地重复着同一样劳动，就是在餐馆里、飞机上、宾馆内……匆忙地度过。就像现在很多的年轻人，他们的生活轨迹几乎都是由他们的父母所安排的，工作就更别提了。试想在这样一个大环境下，他们能够接触的社交圈无非就是家人、亲戚或熟悉的朋友。不过分地讲，他们每天除了机械地重复同一样工作，与身边寥寥的几个同事接触接触以外，再能够去的地方就剩家了。天晓得他们失去了多少难得的社会体验？

为什么老强调他们工作机械呢？因为他们太在乎划分清楚自己的职责了，这样做的结果就是，每个人只注重自己分内的事，稍有越线的事情一概不管。长期如此，人和人之间没有什么交流，一旦遇到什么突发、紧急情况，应变水平之低令人啼笑皆非。在面对指责时情绪也是极不稳定的，补救过程拖沓烦琐。还有一个不太好的现象，打工的人会没有一点征兆地告诉你“我今天辞职”，理由一般都是“我决定去加拿大留学了”。你要是初次见到这种情况，千万别觉得惊异，他们不是找到了更高薪的工作，就是心理承受能力已经超负荷了。

客观地讲，这里的员工很难建立起对公司的整体理念，他们不太关心领导层制定的工作目标是什么，只关心朝九晚五的工作周期，还有自己的假期，香港公司大多隔一个礼拜才休一个大礼拜，他们期盼假期的心情可想而知。工作难度稍微小一点就不会刺激他们全心投入，当然也不会激发他们主动、主观地判断与投入。有人曾经这样评价他们："会使计算机的人但不一定看得懂操作说明书。"我想说好听点是形容他们务实高效，说难听点就是形容他们投机取巧。当他们的上司千万别奢望员工在工作期间学到什么，这不是分内的事，想要求他们学点什么也行，最好是在工作时间，由公司出钱供他们在专业的学校学习，学业完成时最好还得颁发个什么文凭或证书的，以便他们再次跳槽。

虽然数落了半天他们的种种不好，但毕竟人无完人。况且香港人与其他许多地方的人比起来，工作态度还是称得上负责努力的，工作时气氛也把握得很到位，该严肃时严肃，该轻松时轻松。香港的发达其实也证实了一点，就其他地方而言，这里的生产力、各种效率挺高。香港社会更接受男上司，他们确立的威信更高。但也绝对不会缺少女强人的身影，香港的女强人不光强势，还有一种东方女性特有的魅力，这是我作为一个女性的观点。要当香港人的老板，就要尽量保持冷静，少大声训斥他们，一旦你吓到他们了，他们会对你讲"我要去深造一下"。这年头训练一个你称心的员工不容易啊。

苏打水在香港是员工们的一种福利，很多其他国家的人都奇怪，他们为什么喜欢喝这种甜甜的碳酸饮料？其实他们最喜欢的是苏打水不菲的价格，你要是老板，估计一星期就得在这玩意身上花费20美元到30美元，也别舍不得，将这笔费用从员工的薪水里扣吧。

我认识一个中美混血的姑娘，她曾在一家美国银行工作，私下我们攀谈时都同意茶比苏打水好，而且便宜。可一旦到了公司，她就会催促我："你早上难道不喝苏打水吗？"所以老板们注意了，没事别琢磨以什么借口取消这个昂贵的福利，那样只会让你的员工误解你是一个吝啬鬼，适当的投资是有必要的，最起码换来大家都高兴。

我们企业的董事长就是女强人

新年伊始的红包

老板会在每个农历新年假期结束后上班的第一天给每一位员

工派发红包，通常被称为“开工利事”，红包的金额不定。

发放红包的金额是级别越高，红包金额越高。但派发过程有自己的规则，不能越级，老板不会跨过各部门经理直接给低层员工红包，一般都是部门经理酌情向下属派发且金额少很多。红包金额多少不是目的，它只是激励员工的一种方式，希望大家在新的一年里合作愉快，好让公司在年初就迎来一个好彩头。

红包

红包的钱数哪怕只有 2 港元，但只要是你亲自掏腰包封的，员工们知道后都会十分高兴的。

称呼问题

香港人在工作的时候变得越来越懒散，那些手脚勤快、工作认真的员工越来越难找。比如说，年龄比你小一半的陌生人在跟你说话的时候会直呼你的姓名。大部分香港人对这种没大没小的称呼方式不满意，而且几乎没有人能接受美国人在称呼别人时的那种把工作和个人关系混为一谈的随便方式。美国人毫无疑问比我们更民主，他们对待每个人都是平等的，但你不能把香港人在称呼别人时直呼其名的这个毛病归咎于美国人。在纽约和华盛顿，人们在电话里有时候会叫你“亲爱的”，有时候还会直接用头衔加上姓氏称呼你。

或许香港和美国都只能把直呼其名的毛病归咎于各自的文化。

销售人员代表公司给潜在客户打电话开展业务时，直接称呼他们的姓氏是不可取的。如果销售人员在介绍自己时自称是什么什么先生的更是雪上加霜。没有哪个客户会高兴听到销售人员在电话里说：“你是玛莉吗？我这次打电话过来是要续签你电脑的服务合同（他就是这么说的，我照搬了他的话过来），我是 XYZ 公司的达先生。”

现在不仅是销售人员采用这种方式称呼对方，包括旅行社的服务人员及办公室内勤也养成了这样称呼客户的习惯，有时对方竟是第一次认识的陌生人。他们这样做也许是源于听到你直呼商业伙伴的名字而纷纷效仿，又或者你希望建立一种另类的办公室文化，也允许他们直呼你名字。不管怎样，都是以你的语言习惯为前提的，毕竟你自己有一套管理团队的风格。但是请务必记住，香港人在称呼方面依然很刻板。让你的员工称呼你 Bob，会营造一种轻松的氛围，可当员工面对客户的时候，无论是当面或是通过电话都要尊重香港人的称谓习惯，以“王先生”或“陈女士”相称，而不是“戴维”或“雪莉”。如果客户的名字发音复杂，如，“柴可夫斯基”（Tchaikovsky）或“若喃”（Ronan），可以让别人称呼“约翰先生”或“比尔先生”，又或者“凯瑟琳小姐”以及其他的什么名字。确定秘书给你的名单，无论在办公室里还是在办公室外都是统一的。最好别直呼客户的名字，否则会使商业合作关系变得暧昧尴尬。如果公司的业务员，不论是达先生、罗小姐、郭女士一次次不厌其烦地给玛莉打电话，仍旧直呼其名，她都不会选择与你签订合同的。

高级秘书

在香港，好的秘书相当难找，你如果是成功的商人，那么作为你的秘书要更加成功。首先在香港，他（她）可以是你最好的朋友，其次他（她）要管理好你的工作，安排社交活动，打理你出行事宜，另外他（她）还得疏通你与同事、下属之间的关系，阻隔外界一切对你不必要的烦扰。他（她）使你文件整整齐齐的，同时还得照顾你的家庭，帮助你的家人以最快的速度适应、融合到香港这个全新的环境里。他（她）忠诚、宽容甚至是你最好的榜样，使你更加清醒地认识自己。虽然不能与老板相提并论，但做秘书也有一份丰厚的薪水。你想想你的秘书得时不时将咖啡、茶什么的送进你的办公室，还会遵从你的意见，按时将你找的人请进办公室，他（她）更不介意为你和你的家人服务。但千万别指使他（她）给你的家人买生日礼物，也别指使他（她）为你跟领导或同事隐瞒情况。好秘书难寻，许多领导者管理层一旦找到自己心仪的秘书到哪儿都得带着他（她）。

女秘书

名片

名片式样之一

其实名称卡就是我们常说的“名片”，名片上填写了所有者的详细信息，一般在大家第一次会面时彼此间都会互换名片。

名片上必须要有以下内容：本人姓名、头衔、公司名称、地址、办公室电话、邮政编码、E-mail 地址等，当然还要一目了然地显示公司的标志。

只要向他人出示了名片，大家立刻就会知道你在公司里扮演的角色。哪怕你不在座位上，人们也可以根据名片的提示轻松地找到你。交换名片有一定的规则，如果别人主动赠予你一张，出于礼貌你最好立刻将自己的名片反赠予对方。如不这样做，对方会以为你根本不想结交他。再不就是因为你根本没什么地位，压根儿就不需要印制自己的名片，不过想在香港做一个没有身份的透明人几乎不可能。

你的中国名字

如果你是一个新来的外籍人士，你的同事、朋友将会给你起一个新的中文名字，再搭配上你本名中的姓氏组合出一个香港名，请相信他们会给你起得非常好听，而且寓意吉祥。哪怕你不喜欢他们的做法，也最好请教他们一下，以免自己本名的发音造成什么误会。

其实我认为，外籍人士有一个利落、好听的中文名挺重要的。香港还好说，英文较普及，一旦到了内地或台湾地区，你总不想别人用什么奇怪的叫法称呼你吧。恰巧再遇到自己名字的发音是让他们觉得有趣的东西，那一连串不必要的联想，可能会破坏你的形象。

身为汉学家，1987 年时任职港督的罗得·威尔森爵士就因为起名字折腾了半天。他的中文名字叫卫奕信，“卫”的发音是“wei”，“wei”在广东话里有“妇女和鬼”等意思，最初起的名字让很多当地人受不了，产生了很多没有必要的隔阂。后来没办法

贺年卡

只好在发“wei”音的50多个汉字里挑选合适的，最终选到了现在的“卫”字。

办公室贺年卡

在公司里，很流行新年互赠卡片。同事也好，商业伙伴也好，朋友也好，都可以通过一张卡片表达祝福。当然香港的卡片很有自己的特色，如慈善机构出售的卡片，买他们的卡片就等于向慈善机构捐助了一份热心。别小看这一张卡片，它可以使你的交际圈更宽广，朋友关系更融洽。当然有必要提醒大家，每年到了邮寄卡片的高峰期，邮局会限制航空邮寄的数量，每个人有固定的标准，超标超重都不行。很多朋友不知道，在10月份辛辛苦苦地寄出去大堆卡片，结果在11月，这些卡片都以超重的名义被退了回来。大家可要注意这点，别到时候让自己陷于被动！

放飞理想——带着香港区旗的蝴蝶

第十章

香港掠影

“别人说我们这个世界在追求简单答案的过程中变得越来越复杂。我可不这么认为。”

——罗纳得·里根

香港一瞥

官方名称

香港特别行政区。

官方地位

香港特别行政区是中华人民共和国的特别行政区。

面积

陆地面积 1095 平方公里，40%的陆地面积由 21 个郊野公园构成，最高峰是位于新界的太平山（554 米）。

主要行政区域

香港岛、九龙、新九龙、新界和周边岛屿。

人口

718.4 万（2013 年）。

民族

汉族 95%，其他种族 5%。

香港岛、九龙夜景

宗教

43%的民众有宗教信仰。

香港大学老师与学生

语言

官方语言为粤语和英语。

教育

92%的民众受过教育（95%的男性，88%的女性），所有6至15岁儿童均接受过教育。

健康（2012年）

婴儿死亡率：1.4‰。

人均寿命：83.6岁（男性80.5岁，女性86.7岁）。

各行业的劳动力（2013年）

350万人从事批发零售、进出口、饭店宾馆业（43.3%）；建筑业（2.1%）；金融、保险、房地产、商业（20.7%）；制造业（6.5%）；交通和通信（7.8%）；社区和社会服务（19.5%）。

政府结构

香港特别行政区行政长官（特首）。

政府首脑，另有一位秘书长负责民事行政。

执行委员会

由特首任命，协助施政。

执行机构

执行机构不同于执行委员会，政府执行委员会的政策由许多其他部门、机构、委员会执行。

立法委员会

由 60 名成员组成，其中 24 名由各选区直接选举产生，30 名由各职能部门选举产生，剩下 6 名由选举委员会从 800 名社区代表中选举产生。立法委员会立法，但不独立于执行委员会。

司法

终审法院是香港的最高司法机构。

选举权

所有 18 周岁或 18 周岁以上的永久公民，无论其国籍，均享有选举权。

货币

1 港币＝ 0.7932 人民币（2014 年 12 月）

7.753 港币 =1 美元（2014 年 12 月）

港币

GDP

2.13 万亿港币（2013 年），增长速度 2.93 %，人均 GDP：29.77 万港币（2013 年）。

自然资源

深水良港及熟练的技术工人。

工业

纺织、服装、电子、塑料、玩具、钟表。

出口

服装、电子、塑料、玩具、钟表、办公设备。

进口

消费品、原材料、半成品、资本、食品、燃料。

时区

GMT + 8。

重大历史事件

1514 年：首批葡萄牙人移民定居。

1814 年：英国殖民者进入，建立仓库。

1842 年：香港成为自由港,《中英南京条约》将香港岛割让给英国。

1843 年：中国人被允许自由进入香港进行贸易，亨利·伯汀格（Henry Pottinger）爵士任港督。

1844 年：约翰·戴维（John Davis）爵士任港督。

1845 年：《德臣西报》(《The China Mail》) 英文报纸创刊发行。

1846 年：香港俱乐部成立。

香港一教堂外景

1848 年：文咸（Samuel George Bonham）爵士任港督。

1849 年：圣·约翰大教堂建成。

1854 年：约翰·宝宁（John Bowring）爵士任港督。

1855 年：执行了最后一次公众处决。

1857 年：《剌报》(《Hong Kong Daily Express》) 创刊发行。

1858 年：《天津条约》割让九龙给英国，鸦片贸易合法化。

1859 年：夏乔士·罗便臣（Hercules Robinson）爵士［乐善美勋爵（Rosmead）阁下］任港督。

1861 年：中港燃气公司成立，香港商业委员会成立，植物园建立。

1863 年：香港银币发行。

1864 年：燃气路灯投入使用。

1866 年：麦当奴爵士（Richard Graves MacDonnell）任港督。

1868 年：Tung Wah 医院建立。

1870 年：电报线联通中国内地。

1871 年：电报线联通新加坡。

1872 年：坚尼地爵士（Arthur Edward Kennedy）任港督。

1873 年：传教士学校建立。

1877 年：轩尼诗（John Pope Hennessy）任港督，伍彩（Ng Choy）被批准为香港第一位华人律师。

1879 年：政府和慈善学校开设宗教课程。

1880 年：电报线联通菲律宾，伍彩（Ng Choy）成为第一位华人非官方立法委员会成员。

1881 年：政府电话系统建成。

1883年：卫生局成立（1936年升级为城市委员会），电报线联通广东九龙，宝云（George Ferguson Bowen）爵士任港督。

1884 年：香港骑师俱乐部成立。

1887 年：华人医学院成立，德辅（George William Des Voeux）任港督。

1888 年：太平山缆车连通圣·约翰大教堂和维多利亚峡谷。

1889 年：香港电器公司成立。

1890 年：公共电话系统投入使用。

1891 年：威廉·罗便臣（William Robinson）爵士任港督。

1896 年：八达（Pedder）货运码头建成。

1898 年：租用新界和新九龙，人力（Henry Arthur Blake）爵士任港督。

1900 年：华人商业总行会成立。

1902 年：犹太教莉亚堂（Ohel Leah）建成。

1903 年：香港中华电力公司建立。

1904 年：弥敦（Matthew Nathan）爵士任港督，香港岛建成电气化缆车，中环填海造地。

1907 年：卢嘉勋爵（Frederick Lugard）任港督。

1910 年：九广铁路建成，香港和新界的鸦片馆关闭。

香港大学本部大楼

1911 年：辛亥革命爆发，香港中文大学建立。

1912 年：中华民国元年，梅含理（Francis Henry May）爵士任港督。

1919 年：司徒拔（Reginald Stubbs）爵士任港督。

1923 年：阵亡纪念碑建成。

1925 年：金文泰（Cecil Clementi）爵士任港督。

1926 年：周寿臣（Shouson Chou）爵士任首位华人执行委员会委员。

1928 年：半岛酒店开业。

1930 年：贝璐（William Peel）爵士任港督。

1931 年：抗日运动。

1935 年：郝德杰（Andrew Caledcott）爵士任港督。

1936 年：香港和英国航空邮政服务开通。

1937 年：中国抗日战争爆发，罗富国（Geoffrey Alexander Stafford Northcote）爵士任港督。

1938 年：杨慕琦（Mark Aichison Young）爵士任港督。

1938 年：广东沦陷，50 万难民涌进香港。

1941 年：香港被日本占领（12月），平民被拘留在赤柱，在亚皆老街（Argyle）以及深水埗（Sham Shui Po）战俘营军事拘留战俘。

1945 年：日本投降，香港获得自由。

1946 年：英国重新统治香港，罗马天主教教区建立。

1947 年：葛量洪（Alexander William George Herder Grantham）爵士任港督。

香港半岛酒店 1928 年开业

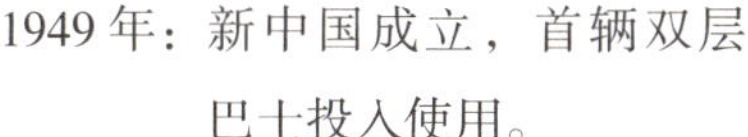

1949 年：新中国成立，首辆双层巴士投入使用。

香港地铁系统 1979 年建成

1950 年：朝鲜战争爆发。

1951 年：美国对华实行贸易封锁。

1953 年：一个教区失火之后诞生了公共住房计划。

1958 年：柏立基（Robert Brown Black）爵士任港督，高速公路连通机场。

1960 年：与广东省达成提供淡水协议。

1962 年：有很多渔民从内地进入香港。

1963 年：香港中文大学建立。

1964 年：戴麟趾（David Clive Crosbie Trench）爵士任港督。

1965 年：刘水福（Liu Shui-Fu）任第一任香港女立法委员。

1966 年：狮子山（Lion Rock）隧道建成。

1967 年：社会动荡。

1969 年：徐诚斌（Francis Chen-Peng Hsu）成为第一任华人罗马天主教堂主教。

1971 年：公共救济社会福利计划启动，公立学校中出现义务初等教育，麦理浩（Murray MacLehose）爵士任港督。

1972 年：香港艺术节举办，新城镇计划启动，香港工业大学建立，跨港隧道开工。1974年：廉政公署成立，香港管弦乐团成立。

1975 年：英国女皇伊丽莎白二世为红磡（Hung Hom）火车站剪彩。

1978 年：越南难民涌入。

1979 年：公共地铁系统建成。

1982 年：尤德（Edward Youde）爵士任港督，中英关于前途举行谈判，社区建立指路牌。

1983 年：中英关于香港前途谈判正式开始，美元和港币建立汇率。

1984 年：撒切尔夫人在《中英联合声明》上签字。

1985 年：通过选举，在香港各职能部门中产生12名立法委员，立法委员会对最高法院旧建筑重新装修，在交易广场建立了统一的股票交易。

1986 年：大亚湾核电站协议签署，地区委员会成立，尤德（Edward Youde）港督在北京病逝，钟逸杰（David Akers Jones）任临时港督。

1987 年：卫奕信（David Clive Wilson）爵士任港督。

1988 年：Ti Liang Yang爵士（首位华人大法官）宣读中英联合声明，中英联合永久办公室建立。防止越南偷渡者偷渡。

1989 年：英国政府宣布赴英居住权不会给予所有在香港居住的公民，东港口海底隧道开通，开放学院建立，大规模的港口和空港建设，香港文化中心和香港展览中心开馆。

1990 年：中华人民共和国全国人民代表大会通过《香港特别行政区基本法》。港督政府批准建设市区到机场的海底隧道。

1991 年：新的海底隧道大老山（Tates Cairn）隧道建成，第一次直接选举产生30%立法委员，港督政府第一次发放债券，中英关于新机场的谅解备忘录正式签署，香港医院机构建立，香港科技大学开始授课。

1992 年：彭定康（Christopher Francis Patten）爵士任港督。

1993 年：陈安方生（Anson Chan）任首位本土女性政府秘书。

1993 年：关于选举改革的问题中英双方无法达成共识，谈判陷入僵局，中国银行开始发行港币，半山自动扶梯开通。

香港展览中心 1989 年开馆

1994 年：中国政府关于助资建设新机场和机场铁路的计划落实，丹尼尔·方（Daniel Fung）为本地首任华人大律师，彼特·阮（Peter Nguyen）是本地首位华人公共检察长，选举改革由彭定康（Christopher Francis Patten）港督实施。

1995 年：地区、街区委员会和立法委员会的第一次选举均在彭定康（Christopher Francis Patten）港督的主持下开展，香港皇家卫兵团解散，联合工作组签署关于终审法院的协议，并通过立法委员会，唐纳德·曾（Donald Tsang）成为本地首位华人金融秘书，高等法院用粤语办理了第一次民事诉讼案。

1996 年：筹备委员会与由中央政府指派的临时立法会一同投票取代立法委员会，香港帆板运动员李丽珊首获奥运会金牌，最后一任港督在立法委员会发表了告别致辞，董建华被推选为香港特别行政区行政长官，选举委员会同时选举了立法委员会，陈安方生接受董建华的邀请继续出任政府秘书。

1997 年：青马大桥正式落成，西港海底隧道正式开通，主权交接仪式，香港特别行政区政府成立，董建华任首任特别行政区行政长官，金融危机、禽流感暴发，香港九龙至北端的摆渡于30年后停运。

1998 年：香港恢复从大陆进口活禽，恢复之前由于担心禽流感的蔓延，有100多万只鸡被杀，上诉法院裁决：香港永久居民在大陆合法与非合法后代如

香港青马大桥 1997 年建成

果在7月1号之前抵港将享有永久居留权。联结汀九（Ting Kau）与西北青衣（Tsing Yi）的汀九（Ting Kau）大桥建立。江泽民主席参加香港新国际机场的揭牌仪式。香港货币当局强力助资1880亿美元稳定股市，以防范金融危机。

1999 年：第二个3800米跑道在香港国际机场投入使用，通过中医法案并通过规范的管理模式来控制中医药的生产及流通，香港的新国际机场发生第一次事故，一家内地客机在台风下迫降、导致翻覆，公布将在竹松湾（Penny）建立迪士尼公园，香港在《华尔街日报》上保留了世界最自由贸易区的地位。

2000 年：陈安方生在工作40年后退休。MPF法案规定香港社保和退休金，每位劳动者必须将其工资的5%注入这个基金，他们的雇用者注入另外的5%，基金由专人管理。明确主权法，如果在香港出生的孩子在香港享有该权利，但是在大陆出生由香港人领养的不具备该居住权。

2005 年：董建华特首辞职，曾荫权在3月份被正式任命为临时执行特首，5月25日曾荫权提出辞职，作为特区候选人参加选举，并于2005年6月21日被中华人民共和国国务院正式任命为香港特首。

中药房药柜

医院和医疗卫生

公共和私人卫生

香港维护着一个很好的由医院和诊所组成的医疗系统，以很低的成本为大家提供着良好的医疗服务，香港大学和香港中文大学都设有医学院，并且附属有玛丽女皇医院和威尔士亲王医院，在门诊处你可以看到长长的队伍，医院太拥挤依然是个问题。从 1991 年开始，新成立的医院管理部门负责对港督政府各医院的管理，在香港也有私立医院和私人诊所。英国居民比较倾向于太平山马蒂尔达医院；日本人和美国人比较倾向于去香港基督复临医院——拥有一个很活跃也很出色的诊所；中国人喜欢香港疗养院，因为很舒适，并且有种家的感觉；有一所嘉诺撒（Canossian）医院因矫形外科而著名；律敦治（Ruttonjee）医院以治疗结核病闻名，现在升级为专门治疗胸肺的医院。

药剂师和医生的关系像在美国一样是纯商业的，私人医师在他们自己的办公室独立地为病人诊断。在香港，医师也需要预约。当你去看医生，发现等待诊断的队伍已经排到了楼梯下面，那感觉是非常不好的，索性换个医生吧。

中药

香港的中医药学十分风行，中医药师并没有医学学士学位，他们的知识和技巧均沿袭于父辈和老师，但这样的情况因为香港大学开设了中医药系而正在发生改变。中医师通过望、闻、问、切为病人诊断，虽然还有一部分草药需要煎制而成，但是现在已经有成型的丸剂、胶囊等中成药。当你已经安顿完毕，想更多地了解中国文化的话，可以去中环、皇后大道游览，在余仁生药店门口驻足。余仁生药店装饰华丽，出售中药，并有草药标本展示，包括鹿角、干海马等，治疗效果均有中英文注释。

气功与跌打

气功与跌打不同，称研习气功和跌打的人为医疗按摩师是不正确的。气功强调通过调节呼吸运行以达到练习的目的，有时与中草药的理论相结合，通过手按摩病人的身体，在香港和海外华人社区中正逐渐风行。气功师傅通过一种结合了按摩、康复按摩的手法，通过对病人脉搏的感觉以及对病人气色的感觉治愈多种疾病，包括脊柱系统的疾病。相反的，跌打按摩只是一种比较简单的康复，有时会通过使用含着草药的拔罐对病人的病灶进行治疗。这两种方法均有现代化的密闭药敷袋。

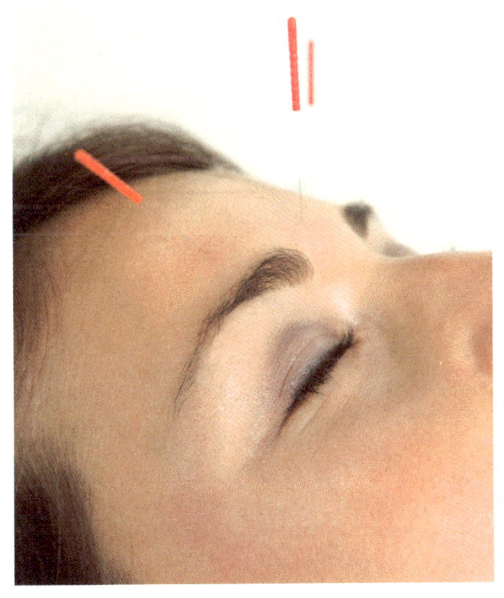

针灸疗法

针灸

香港也是寻求针灸和针刺治疗的病人的好去处，针刺疗法穿透皮肤，而艾灸疗法并不穿透皮肤。现代卫生水准已经提高，由于肝炎在香港比较普遍，所以接受治疗之前务必请医师充分消毒银针。针灸疗法在华人中具有很高地位，也吸引了一部分外国定居者的认同。传统医药科学以及相关从业者同样需要得到尊重。

宠物服务

香港对宠物很照顾，事实上宠物狗很受欢迎。过去进口的动物需要隔离6个月的时间，现在只需要隔离一个月。以前，宠物医生中专项只有给马匹看病的医师，而现在已经产生了为各种宠物提供专门医疗服务的宠物医生。如果你足够幸运，将会得到一位体贴细致、灵巧机敏、幽默风趣，并有着爱丁堡大学医学学士学位的宠物医师上门服务。你可以通过电话黄页找到他。防止虐待动物协会在香港也相当活跃。该协会

香港海洋公园海豹馆

有亚洲地区唯一一家宠物医疗机构，但是不幸的是，随着宠物在香港的风行，被抛弃的宠物也逐年增多。虽然这个协会不再接受被遗弃的宠物，但该医院仍有大量的被遗弃宠物等待认养。

一些应该掌握的缩写

香港人非常喜欢使用缩写，比如 mong 可以代表一台电视机或者电脑显示屏，最常用的缩写有：

ADB：亚洲发展银行
CC：文化中心
CCP：中国共产党
CE：首席执行
CEO：首席执行官
CFA：终审法院
CJ：首席法官
CS：首席秘书
CSSA：综合社会安全保障
CUHK：香港中文大学
FS：金融秘书
GPO：邮政总局
KCR：广九铁路
HA：医院管理部门
HK：香港
HKAPA：香港舞蹈学院
HKIED：香港教育机构
HKMA：香港货币机构
HKSAR：香港特别行政区
HKU：香港大学
HKUST：香港科技大学
HOME：房产抵押增强计划
ICAC：廉政公署
ID：身份证
LEGCO：立法委员会
MD：执行总裁
MPF：强制补恤金
MTR：公共铁路
PA：个人助理
PLO：中国人民解放军
PRC：中华人民共和国
SAR：特别行政区
SARS：非典型性肺炎
SMEIC：中小企业信息中心
TDC：商贸发展委员会
TST：尖沙咀
WTO：世界贸易组织

李嘉诚蜡像

名人

李嘉诚

著名商人，被《时代周刊》评为亚洲最富有的人，被《福布斯》评为世界上最富有的人之一，他旗下的长江实业集团与和记黄埔有限公司在世界上51个国家设有分支机构，市场资本总值7070亿港币，同时他也是著名慈善家，积极支持慈善和艺术事业。

周润发

国际著名影星，经常饰演电影中的铁血英雄角色，著名影片包括《英雄本色》（1987年）、《喋血双雄》（1989年）、《安娜与国王》（1999年）、《卧虎藏龙》（2000年）。

成龙

成名以前从事特技演员工作，亚洲著名影星，影片包括《一招半式闯江湖》（1980年）、《醉拳》（1978年），在好莱坞拍摄的影片有《红番区》（1995年）、《尖锋时刻》（1998年）、《上海正午》（2000年）。成龙同时是香港旅游局代言人，积极从事旅游推广活动。

邓莲如

邓莲如女男爵是香港20世纪七八十年代香港行政、立法两局首席非官守议员、香港首位被英国政府封为男爵的女性。其丈夫是前律政司唐明治。

吴宇森

著名导演，现旅居美国。导演的影片有《英雄本色》和《喋血双雄》。在美国导演了影片《断剑》《变脸》《谍中谍2》《致命报酬》。

吴宇森

紅線女
一歌一蕩氣 一唱一迴腸
得意傑作

附录 FULU

中西食物

文化知识小测试

现在你已经了解了香港的相关信息，你也了解了香港社会和香港人的独特之处，你一定认为你已经做好了准备去迎接在香港生活的挑战了吧。这套测试题将检验你的准备工作做得如何，有些场景是日常生活中常发生的，另外的一些你也许会觉得不太经常碰到。对那些场景付之一笑吧，但是那些场景是建立在真实场景之上的。记住，当你觉得困惑的时候，保持头脑冷静。同时记住，耐心是一种美德。你将因保有这项美德而获得回报。中国字“忍”（你将在很多地方看到它）很有哲学意味。

情景一

你邀请几名香港华人朋友到你家吃晚餐，每人都为你准备了包装精致的礼物，你应该：

A. 在所有的客人面前立刻打开包装，用溢美之词赞美，告诉他们你很喜欢这些礼物。

B. 热心地感谢你的朋友，将礼物放在一旁。

C. 将礼物塞回朋友们手中，坚持让他们把礼物带回家。

评论

选项B是你的唯一选择，你不可能拒绝你的朋友送给你的礼物。如果礼品过于珍贵，以至于让你有收受贿赂之嫌的话，你可以在第二天再解决这个问题。无论你是否喜爱这份礼物，不要当着所有人的面打开礼物，这样做将会让那些担心你不喜欢这些礼物的人感到不舒服；另外，如果送礼的人感到他送的礼物与别人的礼物比较起来相对寒酸的话，他会觉得很没面子。还有，礼物是给你来品味的，不是拿来与大家分享的。送礼是一项个人事务，香港人对此尤其好奇，你不应该给对此有特别兴趣的人以机会，让他们去猜测送礼人有什么特别的动机。

如果礼物过于珍贵，他们会评价说送礼人有行贿之嫌；如果礼物过于寒酸，他们又会评价说，送礼人过于吝啬。

当然了，如果一个礼物很明显是一盒糖果或一瓶红酒，在所有人面前打开它并与大家分享将会是一个很好的选择，但是也许礼物中包含的不仅仅是一盒子糖果，或者你已经为当晚宴会准备了所需要的酒水——并且计划回收可以销售的礼品……所以打不打开完全看你的选择。这是出于你个人好恶的选择，而并不是出于文化背景的选择，如果你接受到的巧克力已经过期了——并不是因为它们是薄荷口味的——你大可把它们放在一边。回收礼品是一件很普遍的事情，你不必因为当众拆开包装而使得送礼的人感到尴尬，如果你们关系很好，你可以在私下和他单独交流这件事情并付之一笑。众所周知，香港有一家很有名的巧克力进口商，习惯故意将他们的产品在货架上多放些时间。

除非这是一个很大的聚会，主人一般通过电话邀请客人夫妇双方。如果主人没有直接邀请，一般会由女主人通过电话邀请客人。如果通过秘书打电话邀请个人的话，一般被视为傲慢无礼的。当然，如果宴会筹备期间，你和你的妻子恰巧都不在香港的话，那么通过你的秘书进行邀请是唯一的选择。你可以通过一张卡片或者电话或者传真在宴会开始前几天提醒客人，以表达你的诚意。

情景二

一位朋友或者同事邀请你去他家参加晚宴，邀请函或者女主人的电话暗示了你可以不必着正装出席，你应该：

A. 穿着随意地赴宴。

B. 和你的老婆穿着得体一同赴宴。

C. 穿着正式的晚宴礼服赴宴。

评论

请选择B。事实上，除非主人和女

参加朋友的晚宴要穿着得体

主人特别在乎他们客人的衣着，你穿什么都是无所谓的，随意的穿着在香港意味着西装领带，上衣与裤子不必相配，这在香港就算是“休闲装束”。如果女主人希望你和你的太太以最华丽的衣着出席，以便与她的银质餐具和华丽尼龙桌布相配的话，她会说请穿“休闲装束”赴宴。如果她想让你们以一种随意的装束出席的话，她会强调随意，但是请记住，在香港随意并不代表不正式。

不要让应该穿什么这个问题烦扰你，除了那种十分在乎衣着的主人以外，他们想看的是你而不是你身上的衣服。有一次，在香港炽热的夏天夜晚的一个露天晚宴中。这个晚宴在铜锣湾附近的一幢殖民风格的建筑中举行，为了庆祝一位年近30岁的妇人的生日。这幢建筑即将被拆除，人们认为不穿着一套正式体面的服装去赴宴简直都对不起这套房子，邀请函上提醒大家穿高尔夫球装，也就是穿着白汗衫打黑领带，不用穿着外套，这与波斯湾一带的风格是一致的。出席的客人没有穿着外套，有些将要去打高尔夫球的客人甚至穿着短裤，晚宴举行得非常融洽。穿什么去赴宴并不是一件很重要的问题。当然，作为一个新来者，你应该对邀请函上对衣着的要求给予一定的重视。

情景三

设想你在一个酒店邀请一位香港朋友共进商务午餐，午餐很不错，交谈也很顺畅，侍者拿来账单，你的朋友要把它夺过去，你应该：

宴请朋友

A. 让他埋单。

B. 夺过来，你埋单。

C. 说这次是我请你，应该由我来埋单，下次你来请客如何？

评论

正确的是C，你的客人知道由你来埋单是理所应当的，但从中国文化上讲，客人争取埋单是出于礼貌的要求。在西方文化中，如果有人争着埋单，对方是不会拒绝的。但是你一定不能让他埋单，因为这顿饭是你请客，理应由你埋单。像C选项所提示的那样，简单地说上几句，将停止你们的争执，侍者会了解，因为这是餐桌礼仪的一部分，在任何情形下你都不应当提议AA制。

在香港，侍者会收取10%的服务费，但是如果你再额外地付一些小费，将会很合时宜。是因为你享受了侍者无微不至的服务，或者你是这家餐厅的常客。

在后一种情况下，在中国农历新年的时候给领班和经常服侍你的侍者小费，将会给来年带来意想不到的惊喜。在享受一顿完美的饮食之后付出小费并且加上一句“谢谢”，将永远是个不错的选择。

情景四

假设你想在某天邀请几位女士一同赴宴，你按照名单开始一位一位地邀请客人。比如，葛拉米娜·李（Geromina Li）或者茜萌米拉·贝尔武夫（Simonella Beowolf），想知道谁将与她一同赴宴，以便决定她是否接受邀请。你应该：

A. 告诉她所有参加午餐的人员的名单。

B. 说你请谁和她无关，并挂上电话。

C. 说一些别的，让她知道你也不知道谁将参加这个晚宴，因为葛拉米娜·李（Geromina Li）或者茜萌米拉·贝尔武夫（Simonella Beowolf）是你打电话邀请的第一位客人。

评论

你并不想告诉她你将邀请的所有客人的名单，葛拉米娜·李（Geromina Li）或者茜萌米拉·贝尔武夫（Simonella Beowolf）给你出了一道难题，她要求你告诉她你所请客人的名字，就好像如果你邀请的客人让她提不起兴趣的话她将不会赴宴一样。而你也不会不明智地选择B，那么C就是你唯一的选择了。

也许你应该说一些略带警告性的话语，但是既然这个Geromina Li或者Simonella Beowolf已经证明了她们是这样不太懂礼仪的人，她们很有可能没有收到你所给出的暗示并一再追问，那么

香港赤柱码头

你就应该重新考虑了，你是不是一定要结交这样一位女士呢？如果一定要结交这样的女士的话，你将不得不牺牲别的东西来讨好她。这也许并不是一个文化问题，这个问题一样可能发生在香港以外的地方，不过在香港，家里有家政服务，所以太太们会有很多时间参加这样的宴会，而在香港，像这样的全部是女士参加的宴会自然很多，它们被称作太太午餐。但记住，请人吃饭并非是免费的，所以你也许并不想成为这样一个圈子的常客，但是发出或者接受这样的午餐邀请是很重要的——原因有很多，甚至有些将影响到“关系”的建设。所以，你需要仔细权衡，做好准备去应付葛拉米娜·李（Geromina Li）或者茜萌米拉·贝尔武夫（Simonella Beowolf）这样的人，请记住保持冷静。

情景五

你走进了香港的一家商店，发现了一件你在全城都没有找到的商品，但是导购不乐意提供更多的服务，他拒绝拿出更多的同类商品，以便你有更多的选择余地，你应该：

A. 不买，离开这家商店。

B. 叫经理来。

C. 忍气吞声，买下这件也许在质量或者色泽上你不甚满意的商品。

评论

选择 C 显然是不明智的，除非你认

香港商场 ZARA 店

香港街头

为这件商品的价格值得你作出这个让步，如果你很确信通过比较更多的商品，你将得到你想要的，那么就选择B吧。另一个选择是很符合逻辑的，但是在这样一个充满竞争的社会中请选择A吧，走出去，你会在其他地方找到同样的商品，而且会令你感觉更加愉快。

情景六

你应邀去一家中餐馆赴宴，但是你没有被告知你是这次宴会的主客，当你到达时你被主人邀请坐在桌子的远端靠近门的主客位置，你应该：

A. 客随主便。

B. 口头上客套几句，然后坐到主客位置上。

C. 拒绝主人，坐在别的位置上。

评论

B是正确的。太简单了，如果你不是主客的话，主人根本不会邀请你坐在主客的位置上，选择A会让你表现得有失谦卑，甚至有些自大之嫌。如果是在饭店的包间中，这样一种情形也许不会发生，因为，客人都不会急于在餐桌落座，而是先在旁边等候。请客的主人将会坐在主座上直到主客的出现。但是无论怎样，谦卑一些总是有好处的。

情景七

很多人在等一辆出租车，你应该：

A. 一马当先冲到出租车门前。

B. 远离人群集聚地，去远一些的地方等待空车。

C. 组织排队。

评论

所有人都会选择A或者B，但是C却是真的表现风度与素质的机会，事实上，确实有过富有魅力的人在此种情形下组织大家排队，在如下这些地段经常可以见到像这样的情形，如：麦当劳路的YWCA门口，中环美国塔银行的后门，在外国记者俱乐部门口的M出口。你几乎可以肯定，最初组织起大家排队的那个人一定不是香港的华人。

总的说来，香港的文化并不包括公平竞争精神，也不对外来者表示友好。在生活的每个领域，竞争是如此激烈，以至于你要去和别人抢一辆出租车，你会迎着迎面开来的车流去爬一段山路，率先登上一辆出租特里格贵宾专座车。你几乎是可以肯定的，总会有人走得比你更高更远，当你马上就要进入一辆出租车，心中期盼着马上就要结束一天劳碌的生活的时候，还会有人试图和你争抢。

情景八

你乘出租车到达了目的地。路上出租车司机大声地放着他的车载音响，不顾你的感受随意地踩刹车和拐弯加速，计价器显示19.50港币，你给了他20港币，他没有给你找零，你应该：

A. 下车把那0.5港币忘记。

B. 像直布罗陀之石那样坐在车里，坚持让他找零。

C. 有所指地说："请找零。"走出出租车，把门开着。

评论

虽然你也许会感到多付那0.5港币

出行要遵守交通规则

香港建筑

并不值得，但是像这样不到3%的小费本身也不是多体面的数额。这样的话你应该选择A，或许你应该多付他一两元港币，这样你会在司机的脸上看到立竿见影的笑容。他也许不会很大声地谢你，但是他会很主动地为你开车门，在司机的脚旁有一个控制乘客这一侧车门开关的装置。在你将下未下或者还有物品未拿的时候，他不会加油开走。坚持要回找零也许会满足你公平竞争的机会，但是这会为一个已经愤愤不平的心胸火上浇油，为这些闹得不愉快就不值得了。你也大可不必为了这个原因，下车后依然把车门打开。请记住，乘客也是对司机的一个挑战。在许多情况下，司机在没有征得你意见的情况下将剩余的找零当作小费，无论车载音响是否开启，你都有理由让他将零钱找回，那么我们就需要选择D和E了。这两条我并没有在上面写到，如果车载音响开得过大让你头疼，比如说你正患着头疼，并且要求他将收音机关掉，或者身上带着足够的零钱付你认为足够的小费。

情景九

你在一家餐馆和几位朋友用餐，但是服务员的服务实在差劲，他举止无礼，动作迟缓。你本来要的是家宴，但是却像正餐一样，每一道菜之间要等很长的时间；你点了一盘菜，但是米饭却没有

香港旺角区

上来，最不能容忍的是餐厅内实在太吵了，你生气了，你应该：

A. 拂袖离去，拒绝埋单。

B. 叫经理来换服务员。

C. 耐下心思来，要求服务员提高他的服务质量。

评论

A这个选项只可以在情形特别严重的情况下才能使用，拒绝埋单，特别是在你已经用了一两道菜之后，将会引起很大的麻烦。整个晚上的愉快心情，也将随之而去，你可以稍微对选项A进行一些改变，就是付你已经吃掉的那部分食物的价钱，其余的全部取消。选择C有些勉为其难，因为你还要迁就这样的一位服务员，你也许不会自贬身份去祈求他改变服务态度，特别是当你觉得你所要求的只不过是你的权利所赋予你的东西，而不是别人赏赐给你的恩惠。但是，耐下心来和他讲道理，去唤起他公平竞争的意识，也许会让他感到很有面子，他将竭其所能尽快地将你所点的食物奉上。在理想的情况下你可以让他加一道菜和你的米饭一同呈上。

选择B也是可以的，并且也许是让那些迟到的菜快速上到你桌子上的最有效的办法，但是你并不知道迟到的原因，也许原因出在厨房。如果你成功地把这位服务员换走了，你会让他感到在全餐馆用餐的人面前大失颜面，以致会让他丢掉这份饭碗。

情景十

你首次应邀去会见一位朋友或者一位贸易伙伴的祖母，老人家很喜欢你，虽然语言交流有困难，她仍然很想和你交谈，在交谈中她询问你的年龄，是否已婚，如果已经结婚了，你是否有了孩子，谈话最终会不可避免地谈到你的工资是多少，你应该：

A. 警告她管好自己的事，不要具有如此的好奇心。

B. 不作回答，让她自己猜她所有问题的答案。

C. 装作没听见，转而说些别的。

评论

选什么要取决于你的感受如何，显然，选项A显得过于无礼，你的朋友如果是个体贴的人的话，会在谈话陷入僵局之前过来帮你解围的，他会说："奶奶，外国朋友并不喜欢回答这些问题！"但是，如果他不想支配他祖母的行为，你就要自行解决了。

作为一个妥协，选项C是可以的，如果你不想告诉她你的年龄，说些无厘头的话回避这些问题，这是一种幽默的方法。记住中国人不喜欢听到别人说不。如果，你含糊其词，环顾左右而言他，他会知道你在回避这个问题。当然，最为礼貌的选择是B，这将使对话延长，缓解你们之间尴尬的气氛，而你并不需要对她的猜测给出明确的答案。

情景十一

你是一位乘坐公交系统的澳大利亚女性，一位衣着得体、年龄不甚确定的中国男人走上前来赞扬你的发型，之后当着所有乘客的面说你的味道闻起来像

看望朋友的祖母

香港双层巴士

牛粪，你应该：

A. 给他一记耳光，告诉他，他简直是无礼至极。

B. 不搭理他，走到车厢另一侧，躲开他。

C. 站在原地不动，向周遭的乘客作出一个手势，示意这个男人疯了。

评论

当他走过来，夸奖你的头发的时候，要知道，一见面就给予陌生人主观评价，在任何文化中都不现实，你应该立刻远离这个人，这可以理解为选项 B 的一个铺垫。在任何情况下都不要选择 A，也不要选择 C，无论 A 和 C 都会令这个男人更加的猖狂，以致使事情更加恶化。其实，了解这一切的其他乘客已经对他的所作所为感到尴尬了，而如果你作出什么过激的举动将会引发周遭乘客的好奇心。

情景十二

香港的一位名人在一个正式宴会上坐在你的旁边，他问你是否介意他吸一支雪茄，你想，如果他吸烟的话餐桌上其他的人也不会感到舒服，于是你小声地告诉他你介意，他仍旧拿起雪茄点了一支，你应该：

A. 明确地告诉他你介意他吸烟。

B. 微笑不多说什么。

C. 去女化妆间冷静一下自己。

评论

是的，这个男人是无礼并且不体贴的，特别是在你已经告诉他你介意吸烟的情况下。显然，他认为，他要吸烟的这个要求并不会遭到你的拒绝，他的询问只是出于客套，而你直白地回绝会让他在整个餐桌上非常没有面子，他只是赌气，认为他没有必要听命于一个女人，于是才这样做的。

从文化的角度上讲，怎样做才是正确的呢？也许你只是笑一笑，用下巴做了一个不经意的姿势，告诉他在公众场合吸烟并非礼貌的行为。如果你的丈夫是这个人的老板，或者他有求于你的丈夫，他会很快知趣的。这是一个没有赢家的局面，去洗手间冷静自己，躲避这些烟雾，或者眉头紧锁地坐在这里忍受他。

情景十三

你想买一篮子水果去看你的朋友，你决定去一家商店而不是在流动摊车上

港币

购买，你花了60港币买了三个杧果，60港币买了6个桃子，30港币买了6个油桃，30港币买了6个橘子，20港币买了一把香蕉，果篮用去了另外的15港币，你给了水果店老板500港币，等待着找零，你在心中清楚该付多少找多少，所以，当你听到老板说该付340港币的时候他是在试图骗你，你应该：

A. 告诉他他在试图骗你，要求他把500港币还给你，离开这家商店。

B. 不多说什么，按他要求的价钱付给他。

C. 告诉他钱数不对，并和他一起在那里计算，直到数字正确为止。

评论

选项A根本不是一个选择，因为不管你说什么，他也不会把已经拿到手中的钱还给你，如果他的脸皮已经厚到想来欺骗你的话，他就根本不会把钱还给你，那样会让他显得理亏，在价钱没有谈好之前不要向任何一个商人付款；B也谈不上是一个好的选择，因为这样的话你就亏了，所以只好选C了。这很麻烦，但是你必须耐下心来，准备花更多的时间，直到你们算出正确的价钱，一分钱也不多给他。

情景十四

你和一帮香港朋友开心地聊天，话题从金钱到政治到个人事务，无所不谈，你告诉了他们你的家庭和爸爸妈妈的情况——他们在哪里出生哪里上学，以什么谋生——甚至告诉了他们你祖父母的情况。忽然间你发现你的一位香港朋友，关于他的父母只字未谈，你应该：

A. 刨根问底。

B. 告诉他们你将不会再说更多你自己的事情，除非这个朋友说些他自己的事情。

C. 换一个话题。

评论

选项A和B并不明智，香港人的家庭关系十分复杂，出于这样或那样的原因，你的朋友也许想隐瞒他的身世，也许他的父母并没有接受过良好的教育，当然这并不会影响到你的情绪，但是会让他觉得不安——特别是当你已经大谈特谈了你父母的显赫学历之后，也许他的爸爸做着卑微的工作，也许他的妈妈是个姨太太，你的朋友会对这样的出身感到难以启齿，所以选择C吧。如果你们是真的好朋友，他迟早会要告诉你的——当他确信你并不会因为他的身世而看不起他的时候。

情景十五

你往一位商业伙伴的办公室打电话，别的什么人接了电话，你询问对方是谁，对方回答："李先生出去并没有回来。"你应该：

A. 认定李先生已经去办公室了，但是临时出去了一下。

B. 让他帮你带个口信，回你的电话，并说一声"谢谢"，然后挂机。

C. 更进一步地问李先生去哪里了。

评论

"还没有回来"有着一系列的意义，也许表明李先生今天没有来到办公室，

狐狸犬

或者，他去外地办事，几天之内都不回香港。无论如何也不要选择B，你必须问更多的问题这样才能得到你的朋友的回复。A则是完全错误的，因为这句话的意思一般是要表示李先生尚未进入办公室上班。

选项C是最好的选择，只有不断地提问才能找到你想联系的那个人，让我们喜欢的一个答案是："杨先生还没有回来，他在卫生间。"

情景十六

你在街上遛你的约克郡犬，对面马路迎面过来了一家人，爸爸妈妈和孩子们，那位爸爸对着你的狗"汪汪汪"叫了三声，你的狗被激怒了，很明显对方的孩子被吓到了，爸爸说："啧啧啧，什么破狗！"你应该：

A. 告诉那位父亲他是一名弱智。

B. 收紧狗链，管好你的宠物。

C. 宽慰对方的孩子几句，同时用眼神对那位父亲表示不满。

评论

A确实是一个假设了，因为没有一个正常的人会以如此的方式挑逗一个陌生的动物，但这也不是一个教育成人的符合时宜的环境。在任何情况下，当你刚见到对方走来时，你就应该选择B。情景中的情况发生以后，你应该对孩子说些轻柔的话，哄哄他们，让他们平静

香港大学仪礼堂

下来。香港小孩从小接受的教育就是让他们对动物远之三分，特别是狗，因为狗更多地被用于看门而不是宠物。在这种情况下，这个父亲已经证实了他是如此的不成熟，你就更应该向孩子们证明你的狗是无害的。

行为准则

仅仅把文化因素作为开列一个注意事项列表的前提是不够的，我还记得，有一次在一架飞机上得到了一张有关航空公司注意事项的清单，告诉我不要用我的脚去指任何人和物，那么我在曼谷每每有这种冲动的时候就不得不控制，想想这有多么痛苦。

正确的行为

- 如果你认为接受到了满意的服务，大方地给予小费，记住侍者、出租车司机、门卫、卫生间侍者均依靠小费作为工资收入的一部分。
- 出席任何场合都准备一份礼物，如果你与主人的关系不是很熟悉，水果、巧克力、鲜花都是很好的选择，红酒也越来越受到欢迎。给予礼物的时候要用双手呈上。
- 记住你的名片要有中英文双语注释，并用双手递送。
- 乘坐出租车的时候要将目的地的中文地址卡片交与司机。

不正确的行为

- 不要给邮递员和警察小费，他们是公务员，小费被认为是“行贿”。如果他们接受小费，无论量的多少都会被廉政公署给予不良记录，而你则成了行贿者。

大屿山

- 不要谈论诸如疾病或者死亡的话题，特别是在清晨。事实上，不要在任何社交场合说让人感到不适的话语和词汇，特别是在生日宴会等场合。
- 不要穿着不得体。如果拿不准主意的话，就穿衬衫打领带。如果周围的人没有这样穿着你可以脱掉外套。另外，在参加群体聚会时，妇女穿着裤子是被广泛接受的。无论出席什么场合都要对穿着给予足够的重视，甚至是户外的聚餐也不例外。不能穿网球鞋、牛仔裤。
- 不要用钟作为礼物，“送钟”在广东话中有不好的意思。
- 不要送给病人苹果，苹果在上海话的方言中听起来像患病而亡。
- 不要随意丢弃垃圾，这是由法规决定的，如果你随意丢弃你的钥匙和烟蒂，香港法律将处以你5000港币的罚金。
- 不要带手机参加私人俱乐部，特别是你以客人的身份出席的话，许多俱乐部都会对带手机参加俱乐部的客人进行处罚。
- 不要将壶嘴对准任何人，那样很不礼貌。

词汇表

常用单词和短语

称呼术语

noi si/fu yen ………… 女士，夫人
siu dze ………… 小姐
tai tai ………… 太太
sin sang ………… 先生

问候与告别

nei hou ………… 您好
hai ………… 嗨（唤起注意或问候）
nei how ma ………… 你好吗
zou san ………… 早上好
nei hou ………… 下午好 / 晚上好
zou tau ………… 晚安
dzoi gin ………… 再见
dong zon gin ………… 一会儿见
ting yat gin ………… 明天见
M goi sai ………… 谢谢
M sai hak hei ………… 不必客气

数字

Yot ………… 1
yi ………… 2
sam ………… 3
sei ………… 4
m ………… 5
luk ………… 6
tsot ………… 7
bat ………… 8
gau ………… 9
sap ………… 10
sap yot ………… 11
yi sap ………… 20
yot bak ………… 100
yot tsin ………… 1000
yot mun ………… 10 000
sap man ………… 100 000
yot bak man ………… 1 000 000
yot bun ………… 一半
sam fon tsi yot ………… 三分之一
sei fon tsi yot ………… 四分之一
yot da（sap yi go）………… 一打，12 个
dai yot ………… 第一
dai yi ………… 第二
dai sam ………… 第三

香港海洋公园的珊瑚

中环码头

dai sei ……………… 第四

dzeoi hau ……………… 最后

yao deoi ……………… 一对，一双

日期

sing kei yot ……………… 星期一

sing kei yi ……………… 星期二

sing kei sam ……………… 星期三

sing kei sei ……………… 星期四

sing kei m ……………… 星期五

sing kei luk ……………… 星期六

sing kei yat ……………… 星期天

gam yat ……………… 今天

ting yat ……………… 明天

kum yat ……………… 昨天

dzau mat ……………… 周末

dzau yat ……………… 工作日

li go sing kei ……………… 本周

seong sing kei ……………… 上周，上星期

ha sing kei ……………… 下周，下星期

时间

dzung m sap yi dim ……………… 正午

ye man sap ye dim ……………… 午夜

dziu dzou ……………… 早上

ha dzau ……………… 下午

man soeng ……………… 晚上

ye man ……………… 夜晚

lai ming ……………… 黎明

yi ga ……………… 现在

an d ……………… 后来，之后

yao dzeng gan ……………… 不久，没一会儿

yi ga gei dim ……………… 几点了

计量单位

lei mai ……………… 厘米

mai ……………… 米

gung lie ……………… 千米，公里

ping fong mai ……………… 平方米

ping fong gung lei ……………… 平方公里

gung king …… 公顷
hak …… 克
tsin hak …… 千克
lup fong mai …… 立方米
gung sing …… 升

颜色

mai sik …… 米色
hok sik …… 黑色
lam sik …… 蓝色
hok sik …… 棕色，褐色
gam sik …… 金色
luk sik …… 绿色
fui sik …… 灰色，灰白色
tsung sik …… 橙色
dzi sik …… 紫色，紫红色
fan hong sik …… 粉红色
hong sik …… 红色
ngan sik …… 银色
wong sik …… 黄色
bak sik …… 白色
tau ming …… 透明的

天气与气候

hong seoi mai …… 洪水
geoi fung …… 飓风
gwei fung …… 季风
yu/luk yu …… 雨，下雨
sut …… 雪，下雪
bao fung yu …… 暴风雨
tsing long …… 和煦的，暖和的，阳光明媚的
toi fung …… 台风
tseon tin …… 春天
ha tin …… 夏天
tsau tin …… 秋天
dung tin …… 冬天

交通工具与旅行

fei gei …… 飞机
tse …… 小汽车
dou leon …… 渡船（渡轮）
sun …… 轮船
fo tse …… 火车
ging gung hei tse …… 公共汽车
gau tung dong …… 红绿灯
yon hung dou …… 斑马线
kiu …… 桥

tin kiu ········ 天桥
gung tse dzan ········ 公车站
fo tse dzam ········ 火车站
on tsun dai ········ 安全带
si gei ········ 司机
ga tsiu ········ 驾驶执照
gay au zam ········ 加油站
teng tse ········ 停车，停车场
gung on ········ 警察
gao geng ········ 交警

指示

Dzou ········ 走
teng ········ 停
man ········ 慢
fai ········ 快
li dou ········ 这儿，这里
go dou ········ 那儿，那里
dzo ········ 左
you ········ 右
dzo dzun ········ 左转
you dzun ········ 右转
dzun wan ········ 转弯
toe tse ········ 倒退
tsik hang ········ 前行，移动
U yang dzun wan ········ U- 转弯
M goi hoi man di ········ 请减速
M goi hoi fai di ········ 请快点（迅速）
M goi hoi li dou dong ha ngo · 请在这儿等我
Ni dou ting ········ 停这儿

香港的高架桥

Ngo gong si gan …… 我很着急

食品饮料

min bao …… 面包

tsao fan …… 炒饭

min tiu …… 面条

tong min …… 汤面

tsuk …… 稀饭

tong …… 汤

sai tsan …… 西餐

hon bou bau …… 汉堡包

dza yu pin …… 鱼加炸土豆条

tou dao nei …… 土豆泥

pei sa beng …… 比萨饼

tou si min bao hang …… 烤面包（土司面包干）

橙汁

西餐

goi dan …… 鸡蛋

ngau yau …… 牛油，黄油

zi si …… 奶酪

ngau lai …… 牛奶

sun lai …… 酸奶

fon yuk …… 熏咸肉

fo teoi …… 火腿

ngau yuk …… 牛肉

goi yuk …… 鸡

ngap yuk …… 鸭

dzu yuk …… 猪肉

yoeng yuk …… 羊肉

hoi sin …… 海产食品，海鲜

hai …… 蟹

yu …… 鱼

lung ha …… 龙虾

doei ha …… 对虾

swai yu …… 鲑鱼

so tsoi …… 蔬菜

mo go …… 蘑菇

to dau …… 土豆

hou yau …… 牡蛎调味汁

数码相机

fan ked zap ……… 番茄汁
hung lat dziu ……… 红辣椒
sun tau ……… 大蒜
yoeng tsong ……… 洋葱头
tong ……… 糖
yim ……… 盐
wu ziu fon ……… 胡椒粉
seoi go ……… 水果
ping go ……… 苹果
hoeng dziu ……… 香蕉
bo loh ……… 凤梨
si do be lei ……… 草莓
sai gwa ……… 西瓜
hoeng bon ……… 香槟酒
be dzau ……… 啤酒
ga fei ……… 咖啡
tsa ……… 茶
kong tsin seoi ……… 矿泉水
tsanf dzop ……… 橙汁
dzao ……… 酒，葡萄酒
dong ning mung tsa ……… 冰柠檬茶
go dzap ……… 果汁
dung ge ……… 冷
yid ge ……… 热
sang ge ……… 新鲜
m san san ge ……… 不新鲜，浑浊

购物

ngan hong ……… 银行
seon yung ka ……… 信用卡
tsin ……… 钱
sou geoi ……… 收据
sai dzoeng ge tsin ……… 小额纸币
dai dzoeng ge tsin ……… 大型债券
ngan boi ……… 硬币
bou dzi ……… 报纸
tsui kop si tsoeng ……… 超级市场
doi ……… 包
hoeng yin ……… 香烟
tong go ……… 甜品
fa ……… 鲜花
dzu bou ……… 珠宝
su ……… 书
soeng gei ……… 摄像机
fan gan ……… 肥皂
ngat sat ……… 牙刷
nga gou ……… 牙膏

信息资源指南

网站

互联网上关于香港的常规信息：

http：//www.english.hongkong.com

http：//www.info.gov.hk

紧急情况与健康

在香港拨打电话号码 999 您将可以连接到香港警方、消防、救护等其他可能的紧急服务。当您拨打 999 时，应明确说明您需要什么服务。

医疗紧急情况

在香港共有 40 多个公立医院和少量私立医院，当您拨打 999 电话号码的时候，它将把您带到最近的公立医院。香港公立医院由香港医院管理局直属。

http：//www.ha.org.hk

除了 999 紧急情况服务以外，圣约翰救护车为非紧急情况提供自由救护车服务，在香港各地区有不同电话号码。

- **香港岛**

电话：（852）25766555

- **九龙**

电话：（852）27135555

- **新界**

电话：（852）26392555

以下是 24 小时的提供事故和紧急情况服务的医院的电话：

香港岛（Hong Kong is land）

- **东区东部医院**（Pamela Youde Nethersole Eastern Hospital in the Eastern District）

电话：（852）25956111

- **南部玛丽女王医院**（Queen Mary

香港迪士尼乐园度假区大门

Hospital in the Southern District）

电话：（852）28553838

- **长洲医院**（Cheung Chau Hospltal in Cheng Chou）

电话：（852）29810378

- **湾仔唐水家族医院**（Tang Shui Kin Hospital in Wanchai）

电话：（852）22912000

九龙（Kowloon）

- **深水埠医疗护理中心**（Caritas Medical Centre in Sham Shui Po）

电话：（852）34087911

- **旺角北马医院**（Kwong Wah Hospital in Mong Kok）

电话：（852）23322311

- **葵涌玛格丽特公主医院**（Pricess Magaret Hospital in Kwai Chung）

电话：（852）29001111

- **乔丹女王伊丽莎白医院**（Queen Elizabeth Hospital in Jordan）

电话：（852）29588888

- **观塘联合医院**（United Christian Hospital in Kwun Tong）

电话：（852）23794000

新界（New territories）

- **沙田大埔雅丽氏何妙龄那打素医院**（Alice Ho Miu Ling Nethersole Hospital in Tai Po）

电话：（852）28882888

- **粉岭北区医院**（North District Hospital in Fan Ling）

电话：（852）26838888

- **粉岭博爱医院**（Pok Oi Hospital in Fan Ling）

电话：（852）24782556

- **沙田威尔士亲王医院**（Prince of Wales Hospital in Shatin）

电话：（852）26322211

- **屯门医院**（Tuen Mun Hospital in Tuen Mun）

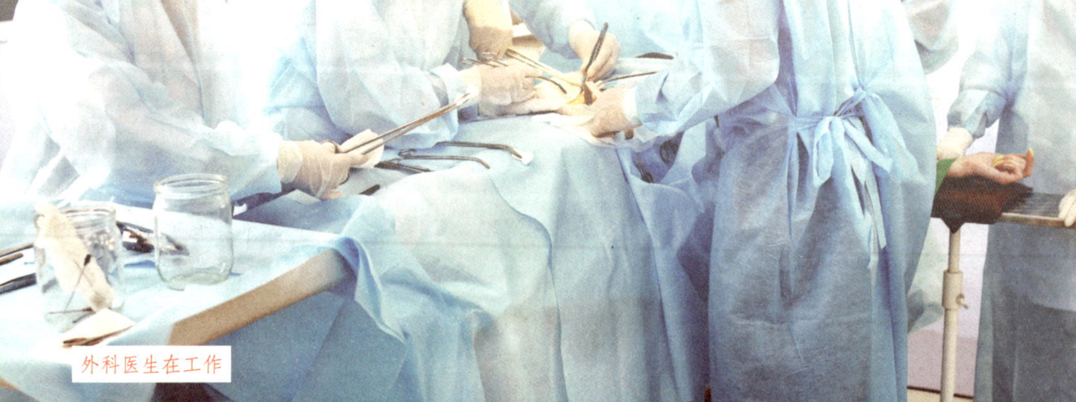

外科医生在工作

电话:(852)24685111

- **荃湾仁济医院**(Yan Chai Hospital in Tsuen Wan)

电话:(852)24178383-206

外围岛屿(Outlying is land)

拨打 999

如果上述医院都无法提供帮助，给你的医生打电话再叫一辆出租车，直接前往医生告诉你的医院，随身带一个会讲粤语(或者普通话)的朋友去最近的医院。

部分出租车公司的电话:

香港岛:(852)25747311

九龙:(852)27600411

新界:(852)24750417

有需要额外费用订票服务。如果病人不能乘坐出租车，拨打 999。

非医疗紧急情况

如果你丢失护照，与你的领事馆联系。在香港或者拨打 1081，此服务为英语指南服务，它会帮助你查找你相应的领事馆的电话号码。你打电话时要有耐心，援助服务指南提供三种语言服务，英语是系统默认的语言，仔细听以便你可以正确地操作。

其他帮助途径

撒玛利亚会：香港 24 小时服务电话。

电　话:(852)23892222(for English speaking)

化妆品

电力服务

香港中华电力有限公司的电力供应九龙、新界及离岛(南丫岛除外)。

电话:(852)27288333

天然气

香港能源有限公司(服务港岛及南丫岛)。

电话:(852)28806999

电话服务

电话：1000

供水

政府水资源供应部门。

电话:(852)28245000

医疗

在香港，大多数医生里面，尤其是从海外归来的医生，都会组成不同的商业集团，一般是“合伙制”。地区医生大多数都是在香港本地接受过培训的，在自己的“私人诊所”工作。

有门诊服务的私人诊所及联系方式：

香港港安医院

电话：(852) 25746211

明德医院

电话：(852) 28490111

养和医院

电话：(852) 25720211

无论你是否已找到医生的地址，进行了预约，进了医生办公室、诊所或是医院，并且把你的名字交给了医院的接待员，你还是得“等等等”。香港的医生和其他地方的医生一样，似乎都不怎么按时间计划表行事。所以，带上点儿看的东西、刺绣或是针线活儿什么的，事先做好长时间等待的准备。但是，好的一方面，多数全科医生（GPs）都会说英语。让朋友或是熟人给你推荐一个全科医生，他会再给你推荐专科医生的。

如果你投了当地健康险的话，记着查一下你的保险单。香港的保险代理商跟某些医疗机构有合作，会给你更大比例的赔付。医药管理局的网址是：http://www.ha.org.hk。

中医、气功师、跌打医师和针灸师

要是需要看中医、气功师、跌打师或针灸师的话，让朋友给你推荐几个。但是记住，以上的中国传统医师可都不会说英语。我知道的一个治跌打的师傅，他英语很棒。地址是：皇后西街360号，电话：(852) 25467867。每天早上9点开门，无须预约。

药店

在香港，药店的英语写作“chemists”或“dispensaries”（都是药店的意思），而不是叫作“drug store”。在你就诊的医院药房买药，无论是公立的还是私立的都可以。私人诊所也出售药品，所以，就没必要拿着医嘱到处找药店买药了。同样，香港和其他地方一样，也有许多药店什么东西都卖

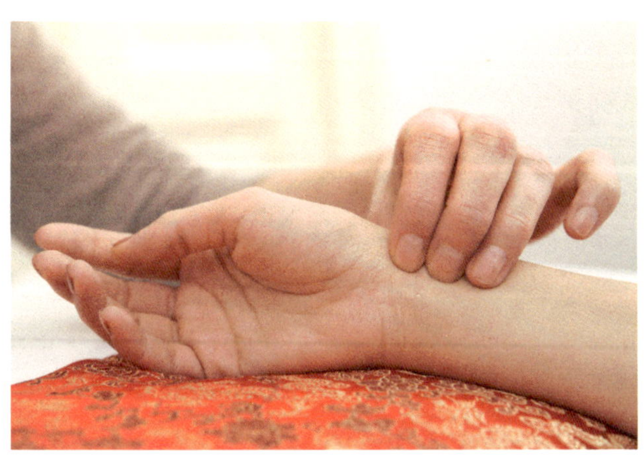

中医号脉

不只是药品。从牙膏到香水，应有尽有。声誉较好的商业药店有万宁药房和屈臣氏，大街上或购物中心里都有它们的分店（有的店里还有药剂师值班）。买药的时候记得带上医生给你开的处方。中环的得胜药房和达成药房也不错。

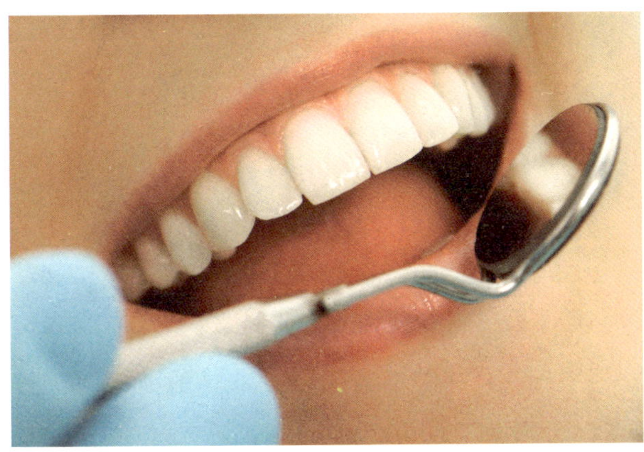

保持牙齿清洁

牙科诊所

香港有牙科诊所，但大部分牙医和牙外科医生都有私人诊所。在香港岛上的香港大学和新界的香港中文大学，这两所香港的主要大学都以拥有国际标准的优质牙科学院而著称。两所大学的牙科诊所给普通老百姓和一些特定的病人提供治疗。牙科教授的主要任务则是把学生训练成明天的牙外科医生。如遇紧急情况，请拨打本节开篇列出的医院电话号码，并查询这些医院是否提供牙科服务。香港牙医学会的网址：http://www.hkda.org。

失物招领（财产丢失）

- **香港警局失物招领处**
  电话：（852）28602000
- **香港国际机场**
  电话：（852）21810000
- **地铁公司失物/乘车证办事处**
  电话：（852）28610020

扒手和抢劫

尽管在香港，抢劫不是每天都有发生，但是这种现象还是有的。然而，扒手就司空见惯了。

残疾人便利设施

大部分香港的公共设施都能为残疾人提供方便。出租车司机对坐轮椅的乘客照顾有加，街道路口处有方便他们而铺设的坡道。各个剧场、音乐厅也有方便坐轮椅观众的设施。公共厕所也有这样的设施。而且文化中心和其他一些博物馆也是如此。

有本书叫《残疾人士通道指南》，上面建议残障游客事先打电话确认要去的地方是否设有方便残障人士的公共设施。对于居民来说，坐轮椅的人也能乘坐交通工具。社区顾问局电话：（852）28155444。游客请咨询你下榻酒店的服务人员。

如果你觉得为残障人士提供方便的设施不够完备，可以向平等机会委员会投诉。联系电话：(852) 25118211。

精神病和精神障碍服务设施

香港提供精神病治疗的医院是青山医院［电话：(852) 24567111。网址：http：//www.chanmf@hk.org.hk］。如遇紧急情况，请拨999。

儿童看护

香港十几岁的青少年不用请保姆照看。如果你是游客，住在酒店，可咨询酒店的管理员或是查看一下酒店服务的项目列表。如果你是刚来定居的住户，可以问问已经有孩子的朋友是怎么做的。要是无计可施，就跟社区顾问局联系。电话：(852) 28155444。

女工

香港有兼职女工。问问你的邻居有没有用过的口碑较好的女工，或联系社区顾问局。电话：(852) 28155444。

住宿预算

使用现金结算的游客，请务必查看专门给你们建议的向导手册。这里有一些酒店的联系方式。

香港岛

- **花园国际宾馆**

  电话：(852) 28773737

  设有通过窗口看到植物园景色的房间。

- **湾景国家宾馆**

  电话：(852) 28020111

  设有可俯视维多利亚港口的房间。

九龙

- **尖沙咀梳士巴利道41号青年会**

  电话：(852) 22687000

- **窝打老道23号青年国际宾馆**

  电话：(852) 23885926

临近旅游景点及购物场所，更多住宿选择，请登录以下网址：

尖沙咀梳士巴利道

http：//www.megahotels.com.hk

http：//www.hongkongnet.net

http：//www.discoverhongkong.com

http：//directrooms-hongkong.com

货币

1元港币可兑换100分港币。港币的面值有1000元、500元、100元、50元、20元和10元。硬币的面值有10元、5元、2元和1元；50分、20分和10分。

在以下地点可以将外币兑换成港币：银行、酒店和兑换店。有些也接受游人的支票付款。

信用卡

几乎所有餐馆和商店都可以用信用卡结账。有的人不管买什么都刷信用卡，像买机票，交纳收入所得税等。他们之所以刷信用卡而不写支票的一个原因就是为了积累“信用值”。

现金

自动取款机到处都有。有些机器还可以识别国际银行卡（如，印有“VisaPlus”或“Cirrus”标志的自动取款机）。所以，在香港，你可以随时取出卡里的现金。如遇假日或是周末要提前做好计划，以防自动取款机被取空。因为，在周末，人们对现金的需求量较大。在一些花费较少的项目上，还得用到现金。比如，坐公交车或是买报纸。出租车司机找不开1000元的港币。公交车司机也不找零，车费是多少你就付多少。

八达通卡

在地铁就能买到可充值的八达通卡。它是一种先付费、后乘车的塑料卡片。你可以把它放在钱包里，在通过旋转式收票口刷卡时也不用把它从钱包里拿出来。几乎所有的交通工具上都可以使用八达通卡。

税收

不要轻信所谓的香港是自由港口，所以，你买的东西里没有加税之类的话。税被隐藏在商品价格里。事实上，香港对酒水、化妆品、烟草和汽车（包括汽油）都要征收高额进口税。公司要交纳公司税，个人要交纳个人所得税。请注意一下有关税收的规定及条例。

个人所得税

香港没有设立雇主替政府从员工工资中扣缴所得税的规定。为了在给税务局交税时不用带那么多现金，你可以带一些用于抵税的消费凭证，而且向税务局交税可以使用信用卡。若有疑问请致电：（852）1878088，或登录网址：http://www.info.gov.hk/ird 垂询税务局有关事宜。

香港的强制性公积金（MPF）是对没有享受到社保或退休好处的市民收税的机构。根据相关法律，市民应按工资的 10% 向强制性公积金账户交税（其中 5% 你得自掏腰包，另外 5% 由你的雇主埋单）。

无论你是否在乎了解该基金的管理方法，老老实实地交你应交的份额，并保证你的老板也交纳他该交的那部分税款。

还有，注意那些不按章程办事的雇主，他们会骗你说，你是受雇的“独立代理人”，所以你得自付强制性公积金的税款及保险费。

保险单

保险

多注意一下你保险单的投保范围。法律规定，雇主要为雇员上某些保险，特别是工伤险，一定要包含在内。还有许多雇主会给员工投医疗保险，雇员有的需要交纳保险金，有的则不用。签合同前，需要看清楚你应有哪些权利。

如果你是个游客，确保在你出国前在国内办好足够的旅行险。你的国家可能和香港地区没有互惠的协议。

娱乐和消遣

无知的人可能会抱怨香港是块文化荒地。错！大量的免费宣传能提供给你关于娱乐和消遣活动的信息。每天的报纸，还有媒体（广播、电视）不会让你错过香港丰富多样、令人激动的艺术和娱乐盛事。如果你坚持自己动手找

（DIY），可以登录以下网址：

http：//www.hkevents.net

http：//www.scmp.com

http：//www.timeout.com/hongkong

餐厅和咖啡厅

本书并非专门将香港就餐地址一一列出的手册，我只想说，无论你喜欢吃哪种风味的食物，愿意花多少钱，香港都能一一满足你。查查旅游出版物，问问宾馆服务员，看看报纸或登录 http：//www.food4hongkong.com/home。

所有的餐馆都有“商务午餐”菜单和“每日特色”菜单之分。有了这两种菜单，在晚上吃同样的饭菜价格会便宜，真是太棒了。

红酒是佐餐的佳品。价钱从 25 美元到数百美元一瓶不等，主要取决于你光顾什么档次的餐厅了。

你既能吃到中式快餐，也能吃到西式快餐。餐馆一般人很多，还很嘈杂。

电话点餐 / 外卖

如果在香港岛，就可以在家或在办公室用餐。外卖人员会在你点餐后 45 分钟把饭菜送到你家门口或是办公室里。打电话要份菜单或登录餐馆的网站看看你想吃什么。打电话或发传真都可以订餐。但是，你不能一次从多家餐馆订餐。根据餐费的多少，有时可以用信用卡付账。

电话：（852）28686969

网址：http：//www.foodbyfone.net

购物区

香港没有一个所谓的特定购物区，因为香港本身就是一个大型的购物中心。

然而，你可能会对湾仔港口附近的海军商场感兴趣。它建立之初是为了方便“越战”时休养恢复和撤退（R&R Leave）的美国军人。海军商场同样欢迎当地居民去购物。在一家坐落在海边的餐馆旁边，有几家商铺。有卖旅游纪念品、珠宝和手表的，还有卖乐器、相机、红酒和雪茄的。还可买到衣服、鞋子、好吃的香肠、健康食品和高尔夫球。商店顶层的店铺可能会吸引你，因为，那儿卖的书、杂志，还有 DVD 都是用美元标价的。

香港商场内麦当劳店

香港兰桂坊

夜生活

兰桂坊是一块高出中环，呈“L”形的一个地方，旁边还有小型办公楼（SOHO）。兰桂坊一直是吸引年轻人的地方，一些不太年轻移居香港的人和游客也喜欢去那儿玩。价格方面，不用担心预算不够。

其他可去的地方还有标准酒吧和酒店。双城吧（铜锣湾怡东酒店地库）、JJ（湾仔南部的君悦酒店）以及艺穗会（雪场街），那儿因啤酒而出名。

如果手头不是特别紧，别在旅店休息室和喝酒的地方待着，去外面玩玩儿。

除非你有会说广东话的朋友陪伴，否则不要去像湾仔（reminscent of the Suzy Wongera）和庙街的“夜市”。

图书馆

香港图书馆所收藏的印刷材料中，有中文图书，其他语种的书籍和期刊等。最近，又增加了其他材料的收藏，如，音像制品和电子资源。只要你有香港的身份证并提供你的住址，就可以在多个公共图书馆里借书了，包括2001年新开

查阅资料

放的香港中央图书馆。网上图书分类网址（Library catalogue via web）：http：//www.libcat.hkpl.gov.hk/webpac_eng。

所有公共图书馆的藏书，连同第三方机构都可以通过以下网址浏览：

http：//www.hkpl.gov.hk

其他向公众开放的图书馆有：

- **歌德学院图书馆**

电话：(852) 28020088

- **香港法国文化协会图书馆**

电话：(852) 27309258

私人俱乐部，包括它们的图书馆设施只有会员才能使用。

花园道上的梅夫人妇女会图书馆，可能拥有全港最全的消遣读物及儿童读物。联系电话：(852) 25226766。既然它以前的性别限制规定已经不复存在，借书的费用你也能承担得起，所以这个图书馆值得一去。

耶稣基督后期圣徒教会（摩门教）的家族史中心在香港地质研究方面提供了极其丰富的资源，但首先要预约，电话：(852) 27124788。

商业信息尝试：

贸易发展局会展中心（Trade development council at the convention centre）

wedsite：http：//www.tdctrade.com/

American consulate commercial section

Wedsite：http：//www.usconsulate.org.hk/fcs

文化和社会组织

各国协会

下面只列举了几个国家的社会和文化机构，它们代表着各自的国家同时又为香港带来了国际化的氛围。这些机构面对所有人开放，而且都开设有语言课程。

- **美国妇女协会**

电话：(852) 25260165

- **英国文化协会**

电话：(852) 29135012

- **香港法国联盟**

电话：(852) 25277825

- **德国哥特学院**

电话：(852) 25881169

- **意大利但丁社团**

电话：(852) 25730343

- **社区询问局**

电话：(852) 28155444

此热线非常有用，它可以回答你各种问题。即使无法提供相关信息，它也会帮你查找。

- **香港明爱**

EMA 热线，电话：(852) 25377247

这是一个天主教徒组织，为在香港

游艇

的每个人提供大范围的服务，从成人教育到每日护理，再到医院与老人服务。

兄弟组织在香港提供的社会服务包括：

- **共济会**

  网址：http：//www.masonicasia.com

- **国际扶轮社**

  网址：http：//www.rchkiw.org.hk

异国侨民妇女组织帮助英语母语的新来客适应香港生活，包括：

- **美国妇女协会**

  电话：(852) 28657737

- **青年会英语部**

  电话：(852) 25240639

侨民俱乐部

有很多在香港的外籍人士想加入这样的俱乐部。聘请你来香港工作的老板也会考虑是否应该花钱帮你买个会籍。

- **阿伯丁船舶俱乐部**

  电话：(852) 25528182

- **阿伯丁游艇俱乐部**

  电话：(852) 25558321

高尔夫球

- **美国俱乐部**

  电话：(852) 28423200

- **中国俱乐部**

  电话：(852) 25218888

- **纯净水湾高尔夫国家俱乐部**

  电话：(852) 27191595

- **发现港高尔夫俱乐部**

  电话：(852) 29877273

- **王朝俱乐部**

  电话：(852) 28241122

- **国外洪基俱乐部**

  电话：(852) 25211511

- **香港俱乐部**

  电话：(852) 25258251-216

- **香港乡村俱乐部**

  电话：(852) 25524488

- **香港板球俱乐部**

  电话：(852) 25746266

- **香港足球俱乐部**

  电话：(852) 28827470

- **香港高尔夫球俱乐部**

  电话：(852) 28127070

- **香港职业赛马俱乐部**

  电话：(852) 28378111

- **犹太社区中心**

  电话：(852) 28015440

- **九龙俱乐部**

  电话：(852) 23692816

- **九龙板球俱乐部**

  电话：(852) 23674141

- **女子娱乐消闲俱乐部**

电话：(852) 25220151

- **香港高尔夫球俱乐部**

电话：(852) 26701211

- **石澳高尔夫球俱乐部**

电话：(852) 28094458

- **中国南部运动联盟**

电话：(852) 25775805

- **联合服务消遣俱乐部**

电话：(852) 23670672

- **世贸中心俱乐部**

电话：(852) 25779528

特殊兴趣俱乐部和社团

- **亚洲社团**

电话：(852) 21039511-217

- **香港文化中心之友**

电话：(852) 27342009

- **香港艺术馆之友**

电话：(852) 27342196

- **艺术博物馆之友**

网址：http：//www.cuhk.edu.hk/lcs/friends

- **香港社会人类学社团**

网址：http：//www.cuhk.edu/hk/ant/kthers/anthro.html

- **香港艺人会馆**

电话：(852) 25190102

- **香港窖酒大师俱乐部**

网址：http：//www.asiawines.com/hk

- **博物馆协会**

电话：(852) 22415500

志愿服务

社区咨询电话：(852) 28155444

妇女俱乐部

- **澳大利亚联合会，妇女社团**

电话：(852) 25304461

香港一教堂

- **克莱尔斯圣约翰大教堂**

  电话:(852)25302129
- **梅夫人妇女会**

  电话:(852)25226766
- **香港工商协会、职业妇女协会**

  邮寄地址：邮政总局邮箱 11708
- **女日冕社团**

  电话:(852)22640004
- **出版社女性社团**

  电话:(852)25260206
- **青年会英语部**

  电话:(852)25224291
- **纬向俱乐部**

  电话:(852)28952250

运输及通信

MTR，电话:(852)28818888

KCR，26027799

LR，电话:(852)24687788

公共汽车

公交车

城市客车，28730818

九龙公车，27454466

新世界第一巴士电话:(852)21368888

有轨电车

高峰有轨电车电话:(852)28490668

渡轮

旅行社可以代订中国境内所有渡轮。

天星码头电话:(852)23662576

愉景湾渡轮电话:(852)29877351

离岛渡轮电话:(852)21318181

澳门渡轮电话:(852)28593333

出租车

香港有很多出租车公司，以下公司规模较大：

香港岛电话:(852)25747311

九龙电话:(852)27600411

新界电话:(852)24750417

语言

在香港中文（粤语作为首选的交流方式）和英文是两大官方语言。

如何克服语言障碍

香港不是一个特别注意你说他们语言的地方，但是，就在你周围人完全听不懂你想要干什么的时候你可能会感到

广香街

绝望。所以当你想去某个地方你必须用中文写下该地方的全名，然后给出租车司机和公交车司机看。随身携带一本常用语手册，在各个书店都可以买到。

宗教信仰和社会工作

如需要与基督教相关的英语服务，请查阅每周六出版的报纸，尤其是《南华早报》，上面有以下宗教机构的联络电话：

- **英国国教**

  圣约瑟大教堂

  电话：(852) 25234157
- **天主教**

  新界圣约瑟夫教堂电话：

  (852) 25223992
- **内部教派**

  联合教会电话：(852) 28120375
- **香港路德会**

  力国教堂电话：(852) 28120375
- **摩门教**

  摩门教会电话：(852) 25593325
- **东正教**

  圣卢克教堂电话：(852) 25738328
- **贵格会**

  教友会电话：(852) 91923477
- **伊斯兰教会**

  九龙清真寺暨伊斯兰中心电话：

  (852) 27240095

• **犹太教**

犹太教凯尔利亚电话:(852) 25490981

一般资料

香港卫生标准且优良。不过，香港卫生当局也推荐两种疫苗抵抗肝炎。常理判断，您可以注射传染的热带疾病疫苗，如天花、麻疹、脊髓灰质炎。

政府网上搜索引擎

公共信息及游客指南网：

http：//www.info.gov.hk

http：//www.discoverhongkong.com

入境居留、旅游咨询

请记住随时携带你的身份证或是护照，如有问题，请发 E-mail 至 enquiry@immd.gov.hk。

药师佛12神将

商业信息

商业机构：商会

• **香港美国商会**

电话:(852) 25260165

网址：http：//www.amcham.org.hk

• **香港总商会**

电话:(852) 25299229

网址：http：//www.hkgcc.org.hk

• **香港贸易发展局**

电话:(852) 25844333

网址：http：//www.tdctrade.com

• **香港会议展览中心**

电话:(852) 25828888

网址：http：//www.hkcec.com.hk

• **个别国家的贸易代表驻香港办事处**

(奥地利) 维也纳市驻港办事处

电话:(825) 25218913

法律援助机构

香港法律规定，任何持有合理理由的人为其提供维护其合法行为的法律援助，包括民事诉讼和刑事诉讼：http：//www.info.gov.hk/lad。

汉语学习

有很多的学校、兴趣班或私人教师教授普通话和粤语，下面是正规语言学校的联系方式：

- 香港大学空间（职业技术教育学校）

  电话：（852）25599771

  网址：http：//www.hku.hk/space

- 香港中文大学——新雅中国语文研习所

  电话：（852）26096727

  网址：http：//www.cuhk.edu.hk/lac

学习中文

其他学习

如果你喜欢自学，或者想要拿到大学学分可以尝试香港的函授大学：

电话：（852）27112100

网址：http：//www.oli.hik

如果你想培养一个办公室文秘管理人员或训练你秘书的技能，尝试一下萨拉贝蒂学院：

电话：（852）25079388

网址：http：//www.sarabeattie.com

如果你有兴趣于亚洲文化并想学习如何获得各种技艺——从印度的咖喱菜肴到中国的武术，试与青年会英文会员服务部联系：

电话：（852）25240639

更多阅读信息

有关香港的书籍在本地的书局中随处可见。它们大都好辨认，因为在它们的题目中都有“香港”的标注。书店的老板也都很体贴地将它们放在相对显眼的地方或者清晰地标有“本地热点或香港”的特别区域，让读者一进书店就能轻松地认出它们。以下所列的书单应该说是没有遗漏了，但是，为了满足那些对香港的过去有着浓厚兴趣的公众，所以，我特地加了一大堆图画出版物来作为补充。放在这里的这些图书，只是我个人的最爱，也是我自己觉得比较有用、有意思的。但这并不意味着，那些我没有提到的书就都很无聊。你应该亲身到书店里去逛一逛，然后选择一些你自己喜欢的书籍。

双语的街道指南

在你开始浏览之前，你最好先买至少一本由特区政府官方发行的最新的《香港的街道与地方》。即使你不用自己开车，你也需要随时随地地查阅街区地图。从某种意义上来说，这本书并不仅仅简单的是一本指南，在特殊的情况下，它可以救命。书中街区的名字可以同时用中文和英文查找到，如果你可以在书中按照字母的排列顺序指出你所知道的街道的英文名称，那么，一个出租车司机就能很快地找到它所对应的中文译名，并带你到你想去的目的地。

《香港年鉴》

《香港年鉴》是香港政府出版的另外一本年度刊物。其中汇集了大量有用的信息，尽管其中一些数据可能你不感兴趣，不过它不失为一本非常棒的参考书。网上有电子版，不过我更喜欢纸质版。

小说

大多数小说都不太费力的，不过它们本身可能都是极有分量的。许多畅销小说的作者都把香港当作他们小说发生的戏剧背景。只要你不把历史小说同历史事实搞混，那么这些小说都能带给你一种那个过去的时代的特别的韵味。一些永恒的经典现在仍在一版一版地加印，以至于用你的手指数都数不过来。詹姆士·克拉维尔（CLAVELL）的《大班》[戴尔（DELL）出版，1986年再版]，把广州、澳门和香港作为小说的背景，描写了一个真实的发生在鸦片战争时期的故事。这篇小说几乎没有明显的历史错误。小说的人物很丰满，描写的早期香港的那种氛围也十分令人信服。其后出现的一部名叫《贵族房子》[戴尔（DELL）出版，1984年版]的小说，以台风和山崩这些自然灾害为背景，讲述了发生在20世纪60年代一个董事局的内部争斗。小说的故事很令人失望，但小说本身却不失为一个很好的阅读材料，因为，克拉维尔（CLAVELL）很擅长文学的写作。

香港书店

由罗伯特ELEGANT撰写的《王朝》[麦古奥山（MCGRAW HILL）出版，1977年版]，则是一部纯粹的小说，完全没有效仿真实发生的事件的痕迹，它描写了一个影响香港发展的欧亚混血家族的兴衰和沉浮。理查德·麦森（RICHARD MASON）的《苏珊王（SUZY WONG）的世界》，尽管它因涉及种族和性而被计划下架，但小说本身则不失为一本描绘旧香港的情感和丑恶一面的好书。

这一类别其他的书籍还有：迪恩·罗伯特（DEAN BARRETT）的《剑子手的特质》（VILLAGE EAST BOOKS出版社，1998年版），一部将19世纪中期的香港作为发生背景，快节奏的、神秘的、恐怖的历史小说。罗伯特·路德伦（LUDLUN）的《小溪霸权》（BANTAM出版，1987年版）则是一部发生在冷战时期香港、中国内地还有澳门地区的令

紫荆花

人毛骨悚然的小说。毛翔青（TIMOTHY MO）的《猴王》（1993 年版），是一部诙谐幽默的小说，讲述了一个年轻的葡萄牙人入赘到了一个住在香港的古怪的中国家庭的故事。而拿瑞·维奇（NURI VITTACHI）在一个类型小说中的贡献则是《风水（THE FUNG SHUI）侦探》，这本书在香港开始构思，第一次出版是在 2000 年，而后，由托马斯邓恩·布滋（DUNNE BOODS）在 2004 年发展成为系列小说。

就犯罪类的书籍而言，也许你已经看到了凯特白石（WHITEHEAD）撰写的、基于 14 件真实杀人事件而编写的《香港杀手》（牛津大学出版，2001 年版）。

约翰·贝勒（JOHN LE CARRE）的《光荣的校园男生》（HODDER&STOUGHTON 出版，1977 年版），对我来说是更具文学性的，我经常会觉得它虽然有些令人敬畏，但读起来却很有意思。它描写了一群混血孩子出入外国通讯者俱乐部的各种有趣的事情。以香港为发生地的最新的两本小说分别是 ANTHONY SPAETH 的《外国通讯者俱乐部》（SECKER&WARBURG 出版，1990 年版）和保罗 THEROUX 的《九龙塘》（MARINER BOOKS，1998 年再版）。

文选

Barabara Sue 从各种各样的传记、日记、书信、小说、诗集、短篇故事、演讲甚至明信片中，摘录了 60 份讲述香港从 1844 年至今的手稿。之后将它们整理成书，并由牛津大学出版社在 1996 年出版，书名为《香港：一个在天与地之间的地方》。这本书的作者们涉及社会的各个领域，从维多利亚女王等 19 世纪的权贵人物，到 20 世纪的各位先知学者，比如理查德·梅森（RICHARD MASON）、奥斯汀·卡兹（AUSTIN COATES）、安东尼·劳伦斯（ANTHONY LAWRENCE）和叶锡恩（ELSIE TU）等。它是一本包罗万象、易领会并具启蒙性的单卷本出版物。

通史

现在有许多学术类的著作涉及有关香港历史的各个方面——政治的、社会的、经济的等。如果你要写一份关于这个地方的专题论文，那你就必须要去翻阅那份著名的由香港大学亚洲研究中心出版的《香港研究》一份 300 多页的研究资料。

我个人认为，福兰克·威尔士（FRANK WELSH）的《一个借来的地方：香港历史》是一本可以从中学到一些有关这里历史的好书。尽管它有600多页，但却不失为一本可读性很强的书。威尔士（WELSH）曾是一个银行家，在香港居住过一段时间。他做研究时注重详细、严谨，不允许以任何艺术形式夸大呈现历史人物和事件。另外，埃迪科特（EN DICOTT）版的标准香港历史已经再版了。

还有一本，由于时间限制，虽可读性很强但却不是要求很高的著作，那是卡洛琳（CAROLINE）科特德（COURTAULD）和玛莉郝兹倍兹（MARY HOLDSWORTH）编写的、牛津大学1998年出版的《香港故事》。它是一部编年体的，讲述香港从开始到现在的历史小说。这本书将一个从开始就控制香港直到20世纪末的庞大家族的历代故事，交错着家族的兴衰和商场的沉浮，描写得栩栩如生。

今天

时间的车轮在不停地向前。我们将1997年作为一个关注的焦点，这一年，香港从英国的殖民地变成了中国的特别行政区。而这一时期的热点问题在一本书中得到了体现，那就是1985年在纽约出版的、由福兰克·陈（FRANK CHING）编写的《香港回归中国，是进

香港海洋公园

步还是倒退》。书中的各类信息可能不会再被更新，不过其中关于1997年香港回归中国的各种事件的简要分析仍是有确实根据的。而接下来发生的一系列事件也证明了陈先生（CHING）是一个精于中港形势分析的专家。

还有另外一个喜欢分析内地和香港关系的罗伯特·科特（ROBERT COTTRELL），写了本《香港的结束》（JOHN MURRAY，1993出版）。而类似的关于这个专题的论著也在英国出版，那就是PERCY CRAD DOCK先生的《我在中国的经历》（1994版）。PERCY本人也参加了1997年将香港主权归还给中国的协议的谈判。

其他关于这个类别的书籍还包括，HUNGDAH CHU、YC JAO 和 YUANLI WU编辑的《香港的未来》和《面对1997，跨越1997》（1987年版），还有MIRON MUSHKAT编著的《香港经济的未来》（LYNNE RI ENNER PUB，1990年版。我向你们推荐这类有着国际阅读性的书籍，首要的原因就在于，作为一个初到香港的人，你会发现这些比那些想当然地认为你们会对那些名字或事件熟悉的香港本地出版物要实用得多。除此之外，你最好试着找找看JAN MORRIS的《香港：一个王朝的结束》。

其实，如果要与时俱进，你只需要打开一份报纸或者一本杂志——任何本

香港风光

金刚鹦鹉悄悄话

地的英文报纸和一些全球性的海外报纸——或者任何就好像《经济观察》《时代周刊》或《新闻周刊》等的报刊。

如果你工作在一个高技术含量的领域，而且想知道怎样将你的才能和知识转化为钞票。那么你就要看看香港中文大学前副校长 CHARLES K KAO 写的《高科技的商业价值》（PALGAVE MACMILLAN，1991 年版）了。他被人称为“光学纤维之父”，为电信革命奠定了坚实的基础，是这一领域的绝对权威。虽然是一本学术性很强的书籍，但它还是以一些通俗易懂、吸引人的方式呈现给大众。这本书着眼于如何将错综复杂的科学技术纳入实用领域，因此，十分有用。

而针对 SARS，2003 年那场使香港所有的中小学和大学都关闭了将近 1 个月的传染病，也有专门的书籍。那就是 THOMAS ABRAHAM 编写的、由 JOHN HOPKINS 大学 2005 年出版的《21 世纪的瘟疫——SARS 的故事》。

那些过往的好时光

旧时居住在香港的人们也写了许多关于他们经历的书籍。AUSTIN COATES，一个牛津大学的毕业生，也是作曲家 ERIC COATES 的儿子，写了《我在中国做官》和《一个特殊的行政长官的记忆》（1968 年版）。他在书中回忆了他作为一个殖民地的行政长官亲历这个地区从渔村转变成新城镇的巨变。这本书里充斥着同情和怜悯的感情，并带有一点点的挫败，但又不失幽默。COATES 出身于一个文艺和学术世家，并且他精通英语。所以，如果你仅仅要读一本关于旧香港的书籍时，它无疑应该是你的选择。

安东尼·劳伦斯（ANTHONY LAWRENCE），他在退休以前是 BBC 的记者，也为别的电台写东西。他用自己的麦克风换了一个打字机。他是 20 多年来写香港的作者中最多产的一个。在他的众多著作中，对于读者来说，最有趣的一本当属《大班商人》（FORMASIA BOOKS 出版，1994 年版），故事以旧香港的中国画贸易为主线。他最新的作品名叫《芬芳中国》（哥伦比亚大学出版，1993 年版），这本书充满了智慧和洞察力。目前，他正在整理他早年在亚洲生活时的日记，其中涵盖了许多重大的事件，比如，甘地的葬礼，还有美国空军空降越南等。除此之外，COLIN CRISWELL

的《大班,香港的商业王子》(1981 年版)也会让你觉得很长知识。

MEGGIE KESWICK 的《蓟花和宝玉》(OCTOPUS BOOKS,1982年出版),是为了纪念香港第一商行 JARDINE MATHESON 成立 150 周年而作的。AUSTIN COATES 也写了令人愉快并能让人收获很多的《中国赛马》(1983 年版)来纪念香港赛马会的百年沉浮。

MARY HOLDSWORTH 的《外国的魔鬼,在香港的流亡者》(牛津大学出版,2002 年版),被 CAROLINE CARTAULD 放了很多额外的东西进去,进一步加强了整本书的艺术效果。在这里,死亡不会被忽视。作为一个外国的殖民地,澳门要先于香港。在《东印度公司的灭亡:新教徒的坟墓在澳门》一书中,LINDSAY 先生和 RIDE 女士描绘了鸦片战争前,澳门作为葡萄牙的殖民地吸引了无数形形色色的外国商人。这本书开始是由时任香港大学副校长的 LINDSAY 先生和他的夫人 MAY 撰写的,而后由学校的注册处主任 BERNARD MELLOR 编辑后,于 1996 年由香港大学出版。

人文风俗

HUGN BAKER 的《香港印象:人和动物》(1979 年版)销路非常好,从它仅仅是一个平装本开始就被再版了很多次。BAKER 博士想让读者在香港能够熟记中国的一些传统并能予以实用。

MICHAEL HARRIS BOND 的《从心理学的视角,超越中国的脸孔》,用它的出版商的话说就是一本“以往由专业学术出版社出版的最畅销的小说”。它是一本学术类的著作,但也试图让像你和我一样的读者了解,并选取了一系列能够解释是什么造就了中国人的文章。

WANG GUNGWU的《中国的中国性》(牛津大学出版,1992年版),从历史学的角度,更为深层地探索了有关中国性的主题。BAR BARA SUE WHITE 写的《穆斯林与商人:香港的印度团体》,也是一本让你可以从中了解到那些生活在香港的异国人们的书籍。

港督政府大楼内的故事,可以在一本关于港督政府那些成功官员的太太们的书中找到,那就是 SUSANNA HOE 撰写的,由牛津大学 1991 年出版的《旧香港的私密生活》。此外,MARIA

书塔与苹果

FASCHOK 的《情妇与奴隶》(1988 年版)则描写了社会另一阶层人们的生活。这本书是一本社会学研究的作品，虽然短却具有很强的阅读性。这些书应该成为那些生活在香港的女人和她们的男人最主要的阅读选择。

由 JULIET BREDON 和 IGOR MITROPHANOW 共同编写的《农历年》(1927 年出版，并于 1982 年在香港再版)是所有介绍中国新年的非学术类书籍的鼻祖。它包含了所有你想了解到的关于中国传统节日和习俗的信息，详细到整个农历年的每一个月份——祖先、天神、信条、迷信、舞龙和舞狮等。但是，这本书自身相对来说比较重，不易携带。

个人论文集

一些在香港长大并长期居住在香港的人，在过去的几年中也出版了许多个人的论文集。戴维·钟·约翰(DAVID AKERS-JOHNS)先生就是他们其中的一个。他可以说流利的闽南语、粤语还有普通话。由香港大学 2005 年出版的《感觉石头：回想》是他的作品。这位来自威尔士和牛津的英国国民公仆，在香港开始只是一个地区的官员，而后在 20 世纪 80 年代荣升为港督政府的首席秘书兼任执行长官。戴维(DAVID)先生任职期间在对与中国内地的双边关系上十分用心。

杜叶锡恩(ELSIE TU)的论文集《以杜叶锡恩(ELSIE TU)的视角看殖民化的香港》由香港大学 2003 年出版发行。她的另一本著作则是一个爱情故事，它描述了叶锡恩(ELSIE)和安德鲁(ANDREW)之间缠绵悱恻的爱情。ELSIE 是一个英国人，只身来到香港做传教士。而安德鲁(ANDREW)却是一个蒙古国的难民。书里记述了他们如何在茫茫人海中相识、相知，在合力为那些父母没有能力负担学费的孩子们创办学校的过程中的欢喜和磨难。此外，故事还提到了他们自己的生活。

关于中国内地，马严君玲(ADELINE YEN MAH)，一个牛津大学毕业的内科

香港文化中心

医师，写了一部《落叶》（百老汇出版，1999 年版），副标题为《一个关于不受欢迎的中国女儿的真实故事》，书中讲述了她在上海和香港的童年和长大后的生活。这本书迅速变成当年的畅销书籍，而作者随后也把这一主题续写成了系列。所有这些书都能在书店中找到。

另一位女作家，CHRISTINA CHING-TSAO, 要比马严君玲（ADE LINE MAH）年龄大一些，但她的作品出版的时间却要晚于马严君玲（ADELINE）。她写的《上海桥：喧嚣的西行生命旅程》（香港大学出版，2005年版）记述的也是她在上海和香港的童年，还有长大的生活。这两位作者都以亲身经历生动地描写了那些中国女儿成功克服种种磨难的故事。她们的痛苦和感情都被忽视。似乎她们想给读者留下这样的印象：就是生活在中国家庭中的所有女儿都受到了不好的对待，但其实当然这些都是不符合事实的。

图册

目前，有许多关于香港过去和现在的图册。它们中的一些十分精致，其他的却只是为了商业目的而出版的。你只需要浏览一下，选出几册你喜欢的就可以了。

许多由香港的亚洲制造出版发行的画册，质量都很高，比如《世界香港大城市》（1990 年版）、《在空石头上，空

斑鸠

中看香港》（1994 年版），还有一本是皮特莫斯的《香港空中线》（2000 年版），它有三种尺寸大小，你可以放在口袋里或者咖啡桌上。所有的这些图册印刷得都很精美。

一位生于英格兰，曾到香港教书并举办了个人画展的画家，罗伯茨·洛雷特（LORETTE E ROBERTS）出版了两本小版本，画册令人赏心悦目、展现了香港的今天：《视觉与秘密：香港的油画和素描》（2003年版）和《SOHO素描》（2005年版）。这两本画册都是属于那种义务性的读物。

动物志与植物群

由尹琏（CLIVE VINEY）编写、菲利普斯·费嘉伦（KAREN PHILLIPPS）插图的《香港的鸟类》（1989 年版）在被修订、扩编后，又可以在书店内被找到了。这本书被人们经常拿来与罗格·陶丽·皮特森的美国鸟类指南相比

书籍

较。B.M.WALDEN 和 S.Y.HU 共同编写的《中国南部与香港的野生花朵》，分别在 1977 年和 1987 年发行了两卷，它将成为当你步行通过城市公园时最好的陪伴。在查阅了全部出版物后发现，还有许多关于香港的动植物的书籍，包括那些介绍蝴蝶、鱼类和爬行动物的等。

《中国蔬菜的流行指南》（1982 年版），是由杜雅文（MARTHA DAHLEN）编写、菲利普斯 · 费嘉伦（KAREN · phillipps）做的插图，这本书也再版了许多次。它不仅仅是一本蔬菜的指南，更包含许多中国厨艺的方法和一些简单的菜谱。有了这本书，你就可以很好地出入中国的超级市场了，而后沉着地将它们做好的菜肴端到你的餐桌上来。除此之外，你还会对蔬菜食谱有进一步了解，并把它当成一门自然的艺术来掌握。

不同寻常的旅游名胜指南

同样的，这个类型的书籍也有许多，而且，今天的指南书籍大都有着很高的品质。你只要找到你自己最喜欢的那本就可以了。香港旅游局发行了许多地图和折叠式的指南印刷品，大多数都是免费的，你可以在九龙塘的天星小轮（STAR FERRY）边上旅游局的办公大楼里向他们索要。

其他的出版物，包括艾伦–莫尔（ALAN MOORE）编写的《另一个香港，一个探险家的指南》（1989年版）和莎莉·罗德威尔（SALLY RODWELL）的《香港历史的寻访者指南》（1991年版），它们都是非常好的书，作者都做了很详细的调查取证，而且印刷都非常精美。你可以在图书馆里找到它们。这一类型的书中，最易携带也是最详细的，莫过于《行走在历史的香港：香港岛》（1988年版），它是由一群不知疲倦的女士在迈德莱尼·唐（MADELEINE TANG）的带领下编写完成的。这些女士非常好奇地想知道她们所见到的所有事情的所有细节，因此，也就提供给你了所有当你漫步在香港时，想知道的、关于香港的历史及变迁后现代的各种问题的答案，有事实性的，也有传奇性的。我还喜欢帕特里夏·林（PATRICIA LIM）的《香港文化遗产》（2002年版），还有李浩然（LEE HO YIN）和狄丽玲（LYNNE D DISTEFANO）共同编写的《双城故事——新界的生活变迁》（2002年版)。关于香港的各个方面,都有许许多多的指南书籍。它们或多或少说的都是相同的事情,但这并不意味着你不应该去书店逛逛,然后选择一两本你喜爱的书籍。

讽刺和幽默文学

现今,香港讽刺文学的领袖人物当属拿瑞·威查(NURY VIT TACHI)。他曾为《远东经济观察报》每周的"旅行家故事"专栏执笔。他在《南方中国晨间邮报》的旧专栏被汇集成一本单行本《只在香港》(1993年版)。千里马(TEMPLAR)克里斯托夫·杨(CHRISTOPHER YOUNG)的政治卡通被出版成为单行本,取名为《最棒的照明灯》(1993年版);而亨利·哈里森(HARRY HARRISON)的那些每天仍在《南方中国晨间邮报》上发表的卡通,也被印成单行本,叫做《亨利(HARRY)的视角》(2004年版)。拉里·费恩(LARRY FEIGN)的《利丽王(LILY WONG)的世界》,描写了一个本地女人嫁给一个鬼佬(GWEILO)之后发生的一系列怪异的事情。虽然它现在已经不在《南方中国晨间邮报》上出现了,不过没关系,因为这些卡通已经被编辑成单行本书籍,在本地书局中随处可见。另一个费恩(FEIGN)《在香港被禁止》(1995年版)是一部你想象不到的特色卡通,也能在书店里买到。

当你在寻找费恩(FEIGN)的《哎呀》(《AIEEYAAAA》)时,你就会陷入一片欢闹的粤语中。如果你想更进一步地钻研中国的饮食和文化,那我推荐你去找徐一鸿(A. ZEE)的《吞噬的云》。A. ZEE,按照书眉中的介绍,是一个在中国出生,在巴西长大,毕业于普林斯顿大学和哈佛大学的人。

中文书籍,英译本

作者提示:当你读完这几页,并已经在书店的架子中浏览过一遍后,你就会发现一些不在这个清单上,但你却非常喜欢的书籍。做得好!别忘了再去图书馆里看一看。记住,除了那些公共的图书馆,任何你有幸加入的私人读书俱乐部,都会有他们自己的租借图书馆;而且那里都会有关于香港的书籍。举个例子来说,当我再更新《文化震撼之旅·中国香港》这部分信息的时候,我花了许多天泡在书店和图书馆里,然后被我发现了两本金康(LOUIS CHA)的

通过阅读了解香港

宝贝。他是20世纪最流行的军事艺术小说家。两个“宝贝”分别是《鹿和锅》(1997—2001年版)，它被约翰·明福特(JOHN MINFORD)翻译成三卷的英文本，和福汉姆·安史尔(FRAHAM EARNSHAW)翻译的《书和剑》(2005年版)。这两本书的题目都来自牛津。

祝阅读愉快！

电子资料

对于那些选择“点击”来作为他们学习渠道的人们，可否允许我提供以下几个网站？

香港城市经济指南

http：//www.economist.com/cities/hong kong

香港生活信息

http：//www.hong kong calling.com

英文报纸

http：//www.scmp.com

http：//www.hk-mail.com

香港特区政府信息中心

http：//www.info.gov/eindex.html

香港特区政府互助服务指导

http：//www.igsd.gov.hk

香港旅游局

http：//www.discoverhongkong.com

香港贸易发展委员会

http：//www.first choice hong kong.gov.hk

美国驻港商务会所

http：//www.amcham.org.hk

电子商品

http：//www.fortress.com.hk

香港摩天大楼

超市

http：//www.parknshop.com

http：//www.wellcomehk.com

特别的杂货店

http：//www.citysuper.com.hk

有关素食主义者的信息

http：//www.ivu.org/hkvegan

香港本地网上书店

http：//www.paddyfield.com.hk

香港广告杂志、优质商品和服务资源

http：//www.dollarsaver.com.hk

http：//www.hong kong towmcrier.com

儿童问题

http：//www.geobaby.com

http：//www.hkwithkids.com

“必看”的中文电影

我女儿给了我这个单子，为的是要满足那些对看中文电影很有兴趣的人们的要求。如果你买的是DVD版，那么就一定要确认，这个版本有英文字幕。

《巴尔扎克和小裁缝》（2002年版），讲述的是一个发生在“文化大革命”中期的故事。三个好朋友在“再教育中心”秘密地读到一些文化经典之后，就对其中多情的、文艺的情节有了自己的想法。

我是素食主义者

《卧虎藏龙》（2000年版），是一个武术史诗般的电影，以荣誉、责任、背叛和报复为主线。

《霸王别姬》（1993年版），则说的是“文化大革命”时期，发生在两个京剧演员之间的事情，和一个游走于他们之间的女人的故事。

《英雄》（2002年版），以公元前221年，中国统一成为封建王朝之前作为时间背景。这部电影是一个关于爱、忠诚、妒忌和阴谋的历史故事。

《饮食男女》（1994年版），则用喜剧的手法描绘了在一个传统构架中的中国家庭里，一个爸爸和三个慢慢长大的女儿试图生活并追寻他们自己的目标的故事。

《菊豆》（1990年版），讲述了20世纪20年代的中国农村，在严苛的封建制度的束缚下，传统的礼数高于个人的意愿。

《大红灯笼高高挂》（1991年版），也是以20世纪20年代中国的封建家族为背景，讲述了一个有权有势的男人和他的老婆还有情人之间错综复杂、紧张的情感纠葛。

《喜宴》（1993年版），是一个充满欢笑和痛苦的电影。它向我们展示了当一个现代的年轻小伙子想要取悦他传统的双亲时引发的一系列文化冲突。

所有成龙的粤语电影。

《卧虎藏龙》（2000年版），李安执导，该片几乎囊括了所有国际知名大奖。这其中包括四项奥斯卡大奖：最佳外语片、最佳摄影、最佳原创音乐（谭盾作曲）、最佳艺术执导。

《无间道》（2002年版），香港警匪片，颇受好评。好莱坞将其翻拍为《无间道风云》。

乔家大院——大红灯笼高高挂

《第一次自助游超简单》丛书

不跟团 自由行

收集情报→规划行程→准备证件→购买机票→预计住宿→打包行李

Step By Step 出国步骤全攻略

◎分区地图 ◎旅人资讯